Gudrun Schmitt

# Kugelrunde Kuschelkissen nähen

über 30 Modelle in 3 Grössen

Die Vorlagen zu diesem Buch stehen in Ihrer Digitalen Bibliothek unter **www.topp-kreativ.de/digibib** nach erfolgter Registrierung zum Ausdrucken bereit. Den Freischalte-Code finden Sie im Impressum.

Gudrun Schmitt

# Kugelrunde Kuschelkissen nähen

über 30 Modelle in 3 Grössen

mit Plottervorlagen

sooo cute

# VORWORT

Es müssen nicht immer klassische Kuscheltiere sein. Auch Kuschelkissen sind wunderbare Begleiter zum Knuddeln, Liebhaben und Dekorieren. Und das für jedes Alter!

Die kugelrunden Kuschelfreunde sind aufgrund ihrer reduzierten Form schnell und einfach genäht. Drei Größen stehen zur Auswahl, von klein bis riesengroß. Am Beispiel des Fisches auf Seite 44 sehen Sie, wie ein Modell in allen zur Verfügung stehenden Größen aussieht. Bei über 30 Tieren – jedes mit viel Liebe entwickelt, getestet und genäht – findet garantiert jeder seinen Lieblings-Kuschelfreund.

Die liebenswerten, weichen Flauschfreunde sind ein wunderbares Geschenk zu den verschiedensten Anlässen. Sie eignen sich toll als Dekoration, als Einschlafhilfe, als Begleiter für unterwegs, zum Schmusen... Wählen Sie die Farben, Designs und Materialien nach Ihren Bedürfnissen und zaubern Sie so Ihre ganz persönlichen Lieblings-Kuschelkissen.

Ich wünsche Ihnen jede Menge Spaß dabei!

Gudrun Schmitt

sooo cute

# Inhalt

Los geht's! Entdecken Sie auf den folgenden Seiten die tollsten kugelrunden Kuschelkissen zum Nachnähen. Die beliebtesten Tiere (auch aus dem Reich der Fantasie) warten nur darauf, von Ihnen genäht, bekuschelt, dekoriert und verschenkt zu werden.

**1** Die Kissenvorderseite (1x im Stoffbruch), die Teile für die Rückseite, siehe Kissenvarianten Seite 8, und die Ohren (2x gegengleich) aus dem Fleece zuschneiden. Die Schnauze (1x), den Fellfleck (1x) und die Ohren (2x gegengleich) grob aus dem Volumenvlies zuschneiden, dann die Schnauze auf die linke Seite des hellgrauen Stoffs, den Fellfleck auf den hellblauen Stoff und die Ohren auf die linke Seite des gestreiften Stoffs bügeln und die Teile anschließend exakt ausschneiden.
Die Augen (2x), Mund (1x), Nase (1x) und Sommersprossen (6x) auf ein Stück Vliesofix für den schwarzen Stoff aufzeichnen ebenso die Pupillen (2x) für den Stickfilz. Die Vliesofixteile auf die linken Seiten der entsprechenden Stoffe bügeln, siehe auch »Applizieren« auf Seite 80. Dann alle Teile exakt ausschneiden.

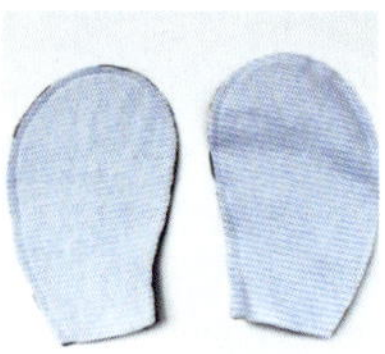

**2** Jeweils ein Ohrteil aus Streifenstoff und eins aus Fleece rechts auf rechts aufeinanderstecken und rundum zusammennähen. Die Nahtzugaben an den Rundungen bis dicht an die Naht einschneiden.

**3** Ohren wenden, bügeln und mit etwas Füllwatte ausstopfen. Die noch offenen, unteren Kanten aufeinanderstecken und anschließend knappkantig zusammennähen.

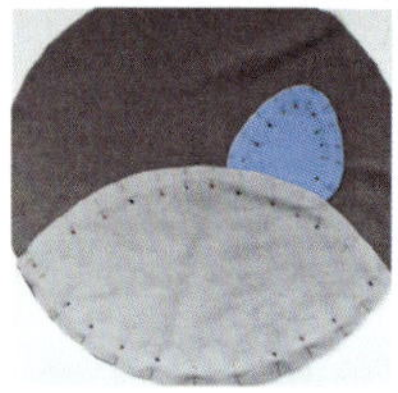

**4** Zuerst den hellblauen Fleck, dann die Schnauze auf dem Kissenvorderteil feststecken und mit farblich passendem Nähgarn und einem Zickzackstich aufnähen.

**5** Anschließend alle anderen Gesichtsteile aufbügeln und mit Zickzackstichen aufnähen, siehe Legeskizze Seite 87.

**6** Die Ohren, wie auf dem Steppfoto zu sehen, rechts auf rechts auf die Vorderseite stecken und knappkantig annähen.

**7** Das Kissen mit dem gewünschten Verschluss, siehe Seite 83 ff., fertigstellen. Je nach Verschluss das Inlett nähen, siehe Seite 85, und in das Kissen stecken.

### GRÖSSE

Ø 60 cm

### MATERIAL

- Baumwollfleece in Hellgrau (85 cm x 125 cm)
- Baumwollstoff in Hellblau (20 cm x 20 cm), in Hellblau-Weiß gestreift (30 cm x 35 cm), in Hellgrau (55 cm x 55 cm) und in Schwarz (20 cm x 20 cm)
- Rest Stickfilz in Weiß
- Vliesofix, 20 cm x 20 cm
- Volumenvlies H 630, 55 cm x 70 cm
- Füllwatte, 855 g
- Reißverschluss und Stoff für das Inlett siehe Seite 82

### SCHNITTMUSTERBOGEN

1A, 1B und 2A

# Willi Wuff

treuer Kuschelhund

**1** Die Kissenvorderseite (1x im Stoffbruch), die Teile für die Rückseite, siehe Kissenvarianten Seite 83, und die Ohren (4x) aus Winterfrottee zuschneiden. Die Krone (2x) und die Nase (1x) aus dem goldfarbenen Stoff ausschneiden. Die Ohren (2x) auf ein Stück Vliesofix für den Punktestoff aufzeichnen ebenso die Wange (2x) für den Stoff in Rosa, die Augen (2x) und den Mund (1x) für den schwarzen Stoff. Die Vliesofixteile auf die linken Seiten der entsprechenden Stoffe bügeln, siehe auch »Applizieren« auf Seite 80. Dann alle Teile exakt ausschneiden.

**2** Die Innenohren mittig und unten bündig auf zwei Ohrteile bügeln und mit farblich passendem Nähgarn und einem Zickzackstich aufnähen.

**3** Jeweils ein Ohrteil mit Innenohr und eins ohne rechts auf rechts passend aufeinanderstecken. Die Kronenteile rechts auf rechts mit Klammern fixieren. Ohren und Krone füßchenbreit zusammennähen, die unteren Kanten bleiben jeweils offen. Die Nahtzugaben zwischen den Kronenzacken bis dicht an die Naht einschneiden, die Nahtzugaben an den Spitzen etwas zurückschneiden.

**4** Teile wenden und vorsichtig bügeln. Die Ohren und die Krone jeweils mit etwas Füllwatte ausstopfen. Die offenen Kanten jeweils mit Stecknadeln bzw. Klammern aufeinander fixieren und knappkantig zusammennähen.

**5** Augen, Mund und Wangen auf die Kissenvorderseite bügeln, die Nase mit etwas Stylefix fixieren, wie auf Seite 87 auf der Legeskizze zu sehen. Die Schnurrhaare mit einem Sublimatstift aufzeichnen. Alle Teile mit farblich passendem Nähgarn und einem Zickzackstich aufnähen, die Nase mit einem Geradstich. Die Schnurrhaare mit einem Doppel- oder Dreifachstich aufsticken.

**6** Die Ohren und die Krone, wie auf dem Steppfoto zu sehen, rechts auf rechts auf die Vorderseite stecken bzw. klammern und knappkantig annähen.

**7** Das Kissen mit dem gewünschten Verschluss, siehe Seite 83 ff.,, fertigstellen. Je nach Verschluss das Inlett nähen, siehe Seite 85, und in das Kissen stecken.

## GRÖSSE

Ø 40 cm

## MATERIAL

- Winterfrottee in Ecru, 60 cm x 85 cm
- Baumwollstoff in Rosa mit Goldpunkten (10 cm x 15 cm), in Rosa (5 cm x 10 cm) und in Schwarz (10 cm x 20 cm)
- Beschichteter Stoff in Gold, 20 cm x 35 cm
- Vliesofix, 20 cm x 20 cm
- Stylefix
- Füllwatte, 285 g
- Reißverschluss und Stoff für das Inlett siehe Seite 82

## SCHNITTMUSTERBOGEN

1A, 1B und 2A

# Karla Kuschel

schmuseweiche Katze

# Egon Eselsgrau

frecher Esel

**1** Die Kissenvorderseite (1x im Stoffbruch), die Teile für die Rückseite, siehe Kissenvarianten Seite 83 ff., und die Ohren (2x) aus dem Plüsch sowie je 1 Ohr aus dem Streifen- und Sternchenstoff zuschneiden. Das Volumenvlies auf die linke Seite des pfirsichfarbenen Stoffs bügeln und daraus die Schnauze (1x) zuschneiden.

**2** Die Wangen (2x) auf ein Stück Vliesofix für den roten Stoff aufzeichnen ebenso die Augen (2x), Mund (1x) und Nasenlöcher (2x) für den schwarzen Stoff sowie die Pupille (2x) für den weißen Stoff. Die Vliesofixteile auf die linken Seiten der entsprechenden Stoffe bügeln, siehe auch »Applizieren« auf Seite 80. Dann alle Teile exakt ausschneiden. Die Wangen und Augen, wie auf der Legeskizze, siehe Seite 86, und dem Steppfoto zu sehen, auf die Vorderseite aufbügeln und mit passendem Nähgarn und einem Zickzackstich aufnähen. Die Schnauze auf die Vorderseite stecken und ebenfalls mit passendem Nähgarn und einem Zickzackstich aufnähen. Zum Schluss noch Pupillen, Nasenlöcher und Mund aufbügeln und festnähen.

**3** Für die Ohren je ein Teil aus Plüsch und ein Teil aus Streifen- oder Sternchenstoff rechts auf rechts passend aufeinanderstecken und rundum füßchenbreit zusammennähen, der untere Rand bleibt jeweils offen. Die Nahtzugaben an allen Rundungen in kleinen Abständen bis dicht an die Naht einschneiden, die Nahtzugaben an den Ohrspitzen etwas zurückschneiden.

**4** Dann die Ohren wenden, bügeln und knappkantig absteppen. Den unteren, offenen Rand jeweils von beiden Seiten zur Mitte klappen und feststecken. Die Unterkanten knappkantig absteppen und so die Falten fixieren.

**5** Die Ohren, wie auf dem Steppfoto zu sehen, rechts auf rechts auf die Vorderseite stecken. In alle Enden der Wollkordeln Knoten binden, dann die Kordelstücke jeweils zur Hälfte legen und mittig zwischen den Ohren an die Kissenkante stecken. Ohren und Mähne knappkantig annähen.

**6** Das Kissen mit dem gewünschten Verschluss, siehe Seite 83 ff., fertigstellen. Je nach Verschluss das Inlett nähen, siehe Seite 85, und in das Kissen stecken.

## GRÖSSE

Ø 40 cm

## MATERIAL

- Bio-Baumwollplüsch in Grau, 55 cm x 85 cm
- Baumwollstoff in Pfirsich (25 cm x 40 cm), in Dunkelblau mit Sternen und Rot-Weiß gestreift (je 15 cm x 30 cm), in Rot (10 cm x 15 cm) und in Schwarz (10 cm x 10 cm)
- Rest Stickfilz in Weiß
- 4 Stücke Wollkordel in Schwarz, ø 7 mm, je 18 cm lang
- Volumenvlies H 630, 25 cm x 40 cm
- Vliesofix, 15 cm x 20 cm
- Füllwatte, 285 g
- Reißverschluss und Stoff für das Inlett siehe Seite 82

## SCHNITTMUSTERBOGEN

1A, 1B und 2A

**1** Die Kissenvorderseite (1x im Stoffbruch), die Teile für die Rückseite, siehe Kissenvarianten Seite 83 ff., und die Ohren (4x) aus dem braunen Fleece zuschneiden. Das Volumenvlies auf die Rückseite des rosa-karierten Stoffs und des rosafarbenen Punktestoffs bügeln. Aus dem Punktestoff die Innenohren (2x) und aus dem karierten Stoff die Zügel (1x) zuschneiden. Die Mähne (1x) auf ein Stück Vliesofix für den hellbraunen Punktestoff aufzeichnen ebenso die Blume (1x) für den geblümten Stoff, die Pupillen (2x) für den Stickfilz, die Augen (2x), die Nasenlöcher (2x) und den Mund (1x) für den schwarzen Stoff und die Blumenmitte (1x) für den grauen Stoff. Die Vliesofixteile auf die linken Seiten der entsprechenden Stoffe bügeln, siehe auch »Applizieren« auf Seite 80. Dann alle Teile exakt ausschneiden.

**2** Die Innenohren mittig und am unteren Rand bündig auf zwei Ohrteile legen und mit passendem Nähgarn und einem Zickzackstich aufnähen. Jeweils ein Ohrteil mit Innenohr und eins ohne rechts auf rechts passend aufeinanderstecken und rundum füßchenbreit zusammennähen, die unteren Kanten bleiben jeweils offen. Die Nahtzugaben in kleinen Abständen bis dicht an die Naht einschneiden, an der oberen Ohrspitze die Nahtzugaben bis dicht an die Naht zurückschneiden. Dann die Ohren wenden und bügeln.

**3** Die Ohren mit etwas Füllwatte füllen. Die offenen Kanten aufeinanderstecken und knappkantig zusammennähen.

**4** Wie auf der Legeskizze auf Seite 88 zu sehen, die Zügel auf die Vorderseite stecken. Mähne, Augen mit Pupillen, Nase und Mund auf das Vorderteil und die Blume mit der Blumenmitte auf den Stickfilz bügeln. Bis auf die Blumenmitte alle Teile mit passendem Nähgarn und einem Zickzackstich aufnähen. Die Blume ausschneiden, sodass rundum ca. 3 mm vom Stickfilz sichtbar bleiben.

**5** Die Ohren, wie auf dem Steppfoto zu sehen, rechts auf rechts auf die Vorderseite stecken und knappkantig annähen. Die Blume auf die Zügel stecken, dann die Blumenmitte mit einem Zickzackstich festnähen.

**6** Das Kissen mit dem gewünschten Verschluss, siehe Seite 83 ff,. fertigstellen. Je nach Verschluss das Inlett nähen, siehe Seite 85, und in das Kissen stecken.

## GRÖSSE

Ø 40 cm

## MATERIAL

- Fleecestoff in Braun, 60 cm x 85 cm
- Baumwollstoff in Schwarz (10 cm x 15 cm), in Rosa-Weiß kariert (10 cm x 45 cm), in Hellbraun mit Punkten (15 cm x 20 cm), in Rosa-Grau geblümt (10 cm x 10 cm), in Hellgrau (5 cm x 5 cm) und in Rosa mit weißen Punkten (10 cm x 10 cm)
- Stickfilz in Weiß, 15 cm x 15 cm
- Volumenvlies H 630, 20 cm x 45 cm
- Vliesofix, 25 cm x 30 cm
- Füllwatte, 285 g
- Reißverschluss und Stoff für das Inlett siehe Seite 82

## SCHNITTMUSTERBOGEN

1A, 1B und 2A

# Gundi Galoppi

beste Pferdefreundin

# Wilma Wutz

freches Schweinchen

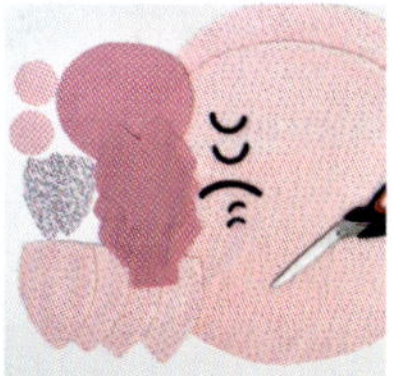

**1** Die Kissenvorderseite (1x im Stoffbruch), die Teile für die Rückseite, siehe Kissenvarianten Seite 83 ff., und die Ohren (4x) aus dem rosafarbenen Fleece, die Füße (4x) aus dem altrosafarbenen Baumwollstoff zuschneiden. Das Volumenvlies auf die linke Seite vom Rest des altrosafarbenen Stoffs bügeln und daraus die Schnauze (1x) zuschneiden.

**2** Die Innenohren (2x) auf ein Stück Vliesofix für den geblümten Stoff aufzeichnen ebenso die Wange (2x) für den karierten Stoff und die Augen (2x), Mund (1x) und Nasenlöcher (2x) für den schwarzen Stoff. Die Vliesofixteile auf die linken Seiten der entsprechenden Stoffe bügeln, siehe auch »Applizieren« auf Seite 80. Dann alle Teile exakt ausschneiden.

**3** Die Innenohren mittig und am unteren Rand bündig auf die rechte Seite von zwei Ohrteilen aus Fleece bügeln. Mit farblich passendem Nähgarn und einem Zickzackstich aufnähen. Jeweils ein Ohrteil mit und eins ohne Innenohr sowie je 2 Fußteile rechts auf rechts passend aufeinanderstecken und rundum füßchenbreit zusammennähen, der untere Rand bleibt jeweils offen. Die Nahtzugaben an allen Rundungen in kleinen Abständen bis dicht an die Naht einschneiden, die Nahtzugaben an den Spitzen etwas zurückschneiden.

**4** Dann die Ohren und Füße wenden, bügeln und mit etwas Füllwatte ausstopfen. Die offenen Kanten jeweils aufeinanderstecken und knappkantig zusammennähen.

**5** Die Schnauze auf die Vorderseite stecken. Dann Augen, Nasenlöcher, Mund und Wangen aufbügeln. Alle Teile mit passendem Nähgarn und einem Zickzackstich aufnähen.

**6** Die Ohren und Füße, wie auf dem Steppfoto zu sehen, rechts auf rechts auf die Vorderseite stecken und knappkantig annähen.

**7** Das Kissen mit dem gewünschten Verschluss, siehe Seite 83 ff., fertigstellen. Je nach Verschluss das Inlett nähen, siehe Seite 85, und in das Kissen stecken.

## GRÖSSE

Ø 40 cm

## MATERIAL

- Fleecestoff in Rosa mit braunen Punkten, 55 cm x 85 cm
- Baumwollstoff in Altrosa mit weißen Punkten (30 cm x 45 cm), in Rosa-Weiß kariert (10 cm x 15 cm), in Rosa-Grau mit Blümchen (10 cm x 15 cm) und in Schwarz (10 cm x 15 cm)
- Volumenvlies H 630, 15 cm x 20 cm
- Vliesofix, 10 cm x 15 cm
- Füllwatte, 285 g
- Reißverschluss und Stoff für das Inlett siehe Seite 82

## SCHNITTMUSTERBOGEN

1A, 1B und 2A

1 Kissenvorderseite (1x im Stoffbruch) aus dem weißen Stoff, die Teile für die Rückseite mit Reißverschluss oder Hotelverschluss, siehe Kissenvarianten Seite 83 ff., die Ohren (4x) und das obere Kopfteil (1x) aus dem schwarzen Stoff zuschneiden.

2 Das obere Kopfteil, wie auf Seite 87 auf der Legeskizze und dem Steppfoto zu sehen, auf die Vorderseite stecken und mit passendem Nähgarn und einem Zickzackstich aufnähen. Die Augen, Sommersprossen, Mund und Nasenspitze aus Flexfolie ausschneiden oder plotten, dann nach Herstellerangaben aufbügeln oder aufpressen. Jeweils 2 Ohrteile rechts auf rechts passend aufeinanderstecken und rundum füßchenbreit zusammennähen, der untere Rand bleibt jeweils offen. Die Nahtzugaben an allen Rundungen in kleinen Abständen bis dicht an die Naht einschneiden, die Nahtzugaben an den Spitzen etwas zurückschneiden. Dann die Ohren wenden, bügeln und mit etwas Füllwatte ausstopfen. Die offenen Kanten jeweils aufeinanderstecken und knappkantig zusammennähen. Die Ohren rechts auf rechts auf die Vorderseite stecken, sodass die Ohrenspitzen zur Kissenmitte zeigen, und knappkantig annähen.

3 Kissenvorder- und Rückseite mit dem gewünschten Verschluss, siehe Seite 83 ff., zusammennähen. Dann das Kissen wenden und bügeln. Das Karoband zu einer Schleife binden und der Katze von Hand an das linke Ohr nähen.

4 Das Inlett nähen, siehe Seite 85, aber statt Füllwatte Traubenkerne einfüllen, hierzu einen kleinen Trichter aus Kunststoff oder Papier zu Hilfe nehmen. Das Inlett in das Kissen stecken.

### GRÖSSE

Ø 20 cm

### MATERIAL JE KISSEN

- Baumwollstoff in Weiß (25 cm x 25 cm) und in Schwarz mit weißen Punkten bzw. Schwarz mit weißen Karos (45 cm x 35 cm)
- Flexfolie in Schwarz, 5 cm x 10 cm
- Rest Flexfolie in Rosa
- Schleifenband in Rosa-Weiß kariert, 1,5 cm breit, 20 cm
- 300 g Traubenkerne
- kleiner Trichter
- Rest Füllwatte
- Reißverschluss und Stoff für das Inlett siehe Seite 82

### SCHNITTMUSTERBOGEN

1A, 1B, 2A und 2B

- Die Vorlagen zum Plotten stehen in der Digitalen Bibliothek zur Verfügung, siehe Seite 81.

# Kira Kuschel

wärmendes Kätzchen

**1** Die Kissenvorderseite (1x im Stoffbruch) und die Teile für die Rückseite, siehe Kissenvarianten Seite 83 ff., aus dem Fleece zuschneiden. Die Augen (2x) und die Augenbrauen (2x) auf ein Stück Vliesofix für den schwarzen Stoff aufzeichnen, ebenso die Wange (2x) für den Stoff in Rosa, den Schnabel (1x) für den Punktestoff in Orange. Die Vliesofixteile auf die linken Seiten der entsprechenden Stoffe bügeln, siehe auch »Applizieren« auf Seite 80. Dann alle Teile exakt ausschneiden. Für die Schleife auf dem rosafarbenen Punktestoff ein Rechteck à 8 cm x 12 cm zuschneiden und aus dem Jerseystoff 3 Streifen à 1 cm x 7 cm in Richtung des Maschenlaufs schneiden.

**2** Augen, Augenbrauen, Wangen und Schnabel auf die Vorderseite bügeln und mit passendem Nähgarn und einem Zickzackstich aufnähen. Auf den Schnabel mit einem Doppel- oder Dreifachstich und schwarzem Nähgarn eine Linie aufsticken, die Lichtpunkte in den Augen mit weißem Nähgarn und einem Zickzackstich anbringen. Die Jerseystreifen mit den Händen lang ziehen und an einem Ende verknoten, dann die Streifen, wie auf dem Steppfoto zu sehen, auf der Vorderseite feststecken. Die Webbänder und die Zackenlitze jeweils links auf links zur Hälfte legen und ebenfalls feststecken. Dann alles knappkantig annähen.

**3** Kissenvorder- und Rückseite mit dem gewünschten Verschluss, siehe Seite 83 ff., zusammennähen. Dann das Kissen wenden und bügeln.

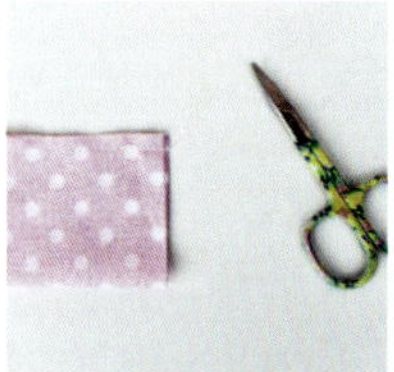

**4** Das Rechteck für die Schleife rechts auf rechts zur Hälfte falten, sodass die kurzen Kanten aufeinanderliegen und diese Kanten zusammennähen.

**5** Die Schleife wenden und an den offenen Seiten die Nahtzugaben jeweils nach innen bügeln. Eine Öffnung füßchenbreit zunähen. Die Schleife mit etwas Füllwatte ausstopfen, dann auch die zweite Öffnung schließen.

**6** Die Schleifenmitte mit Nähgarn mehrmals umwickeln und die Enden verknoten. Dann die Schleife von Hand an das Küken nähen.

**7** Das Inlett nähen, siehe Seite 85, und in das Kissen stecken, evtl. die Wendeöffnung schließen.

### GRÖSSE

Ø 20 cm

### MATERIAL

- Fleecestoff in Gelb, 25 cm x 45 cm
- Baumwollstoff in Schwarz (5 cm x 5 cm), in Rosa (5 cm x 5 cm), in Orange mit weißen Punkten (10 cm x 15 cm) und in Rosa mit weißen Punkten (10 cm x 15 cm)
- Jerseystoff in Rot-Weiß gestreift, 10 cm x 10 cm
- Zackenlitze in Weiß, 0,7 cm breit, 8 cm
- Webband in Rot-Weiß gestreift, 1,5 cm breit, 8 cm
- Webband in Grau mit weißen Sternen, 1,5 cm breit, 8 cm
- Vliesofix, 10 cm x 20 cm
- Füllwatte, 60 g
- Reißverschluss und Stoff für das Inlett siehe Seite 82

### SCHNITTMUSTERBOGEN

1A, 1B und 2A

# Felix Fluff

Schmuseküken

# Mia Mausezahn

freches Mäuschen

**1** Die Kissenvorderseite (1x im Stoffbruch), die Teile für die Rückseite, siehe Kissenvarianten Seite 83 ff., die Ohren (4x) und die Füße (4x) aus Fleece zuschneiden, den Bauch (1x) aus dem Punktestoff.

Die Innenohren (2x) auf ein Stück Vliesofix für den gestreiften Stoff aufzeichnen ebenso die Augen (2x) und die Nase (1x) für den schwarzen Stoff. Die Vliesofixteile auf die linken Seiten der entsprechenden Stoffe bügeln, siehe auch »Applizieren« auf Seite 80. Dann alle Teile exakt ausschneiden.

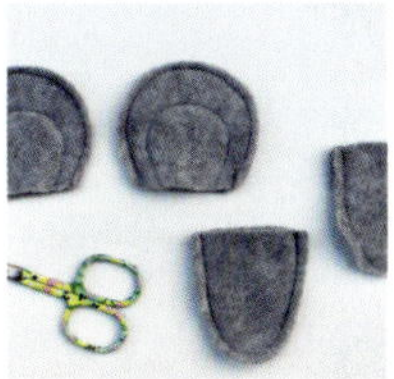

**2** Die Innenohren mittig und am unteren Rand bündig auf die rechte Seite von zwei Ohrteilen aus Fleece bügeln. Mit farblich passendem Nähgarn und einem Zickzackstich aufnähen. Jeweils ein Ohrteil mit und eins ohne Innenohr sowie je 2 Fußteile rechts auf rechts passend aufeinanderstecken und rundum füßchenbreit zusammennähen, der untere Rand bleibt jeweils offen. Die Nahtzugaben an allen Rundungen in kleinen Abständen bis dicht an die Naht einschneiden, die Nahtzugaben an den Spitzen etwas zurückschneiden.

**3** Dann die Ohren und Füße wenden, bügeln und mit etwas Füllwatte ausstopfen. Die offenen Kanten jeweils aufeinanderstecken und knappkantig zusammennähen.

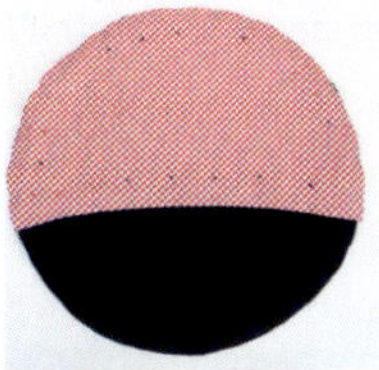

**4** Den Bauch feststecken, Augen und Nase aufbügeln und mit passendem Nähgarn und einem Zickzackstich aufnähen. Die Schnurrhaare, wie auf dem Steppfoto zu sehen, mit einem Doppel- oder Dreifachstich aufsticken.

**5** Am Übergang vom Bauch zum Gesicht Stylefix anbringen, die Bommelborte damit fixieren und dann festnähen. Ohren und Füße, wie auf dem Steppfoto zu sehen, rechts auf rechts an das Vorderteil stecken und knappkantig annähen.

**6** Das Kissen mit dem gewünschten Verschluss, siehe Seite 83 ff., fertigstellen. Je nach Verschluss das Inlett nähen, siehe Seite 85, und in das Kissen stecken.

## GRÖSSE

Ø 20 cm

## MATERIAL

- Fleecestoff in Hellgrau-meliert, 25 cm x 60 cm
- Baumwollstoff in Blau mit bunten Punkten (10 cm x 25 cm), in Grau-Weiß gestreift (5 cm x 10 cm), und in Schwarz (5 cm x 10 cm)
- Bommelborte in Weiß, 1 cm breit, 25 cm
- Vliesofix, 15 cm x 25 cm
- Stylefix
- Füllwatte, 60 g
- Reißverschluss und Stoff für das Inlett siehe Seite 82

## SCHNITTMUSTERBOGEN

1A, 1B, 2A und 2B

**1** Die Kissenvorderseite (1x im Stoffbruch), die Teile für die Rückseite, siehe Kissenvarianten Seite 83 ff., und die Beine (12x) aus dem Fleece zuschneiden. Das Volumenvlies auf die linke Seite des karierten Stoffs bügeln und daraus den Körper (1x) zuschneiden.
Die Punkte (5x) auf ein Stück Vliesofix für den Herzchenstoff aufzeichnen ebenso die Wange (2x) und den Mund (1x) für den roten Stoff, die Augen (2x) für den Stickfilz und die Pupillen (2x) für den schwarzen Stoff. Die Vliesofixteile auf die linken Seiten der entsprechenden Stoffe bügeln, siehe auch »Applizieren« auf Seite 80. Dann alle Teile exakt ausschneiden.

**2** Jeweils 2 Beinteile rechts auf rechts passend aufeinanderstecken und rundum füßchenbreit zusammennähen, der untere Rand bleibt jeweils offen. Die Nahtzugaben an allen Rundungen in kleinen Abständen bis dicht an die Naht einschneiden.

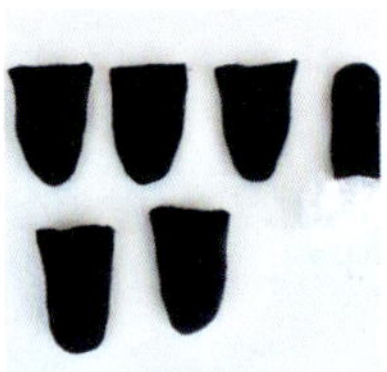

**3** Dann die Beine wenden, bügeln und mit etwas Füllwatte ausstopfen. Die offenen Kanten jeweils aufeinanderstecken und knappkantig zusammennähen.

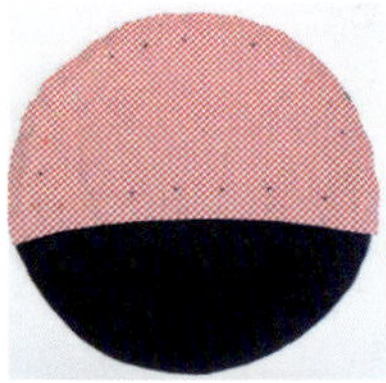

**4** Den Körper auf die Vorderseite stecken und mit passendem Nähgarn und einem Zickzackstich aufnähen.

**5** Nun die Augen, Pupillen, Wangen, Mund und die Punkte auf die Vorderseite bügeln und jeweils mit farblich passendem Nähgarn und einem Zickzackstich aufnähen, nur die Augen mit einem Geradstich festnähen.

**6** Alle Beine, wie auf dem Steppfoto zu sehen, rechts auf rechts auf die Vorderseite stecken und knappkantig annähen. Auf dem Übergang zwischen Kopf und Körper Stylefix anbringen, die Borte damit fixieren und annähen.

**7** Das Kissen mit dem gewünschten Verschluss, siehe Seite 83 ff., fertigstellen. Je nach Verschluss das Inlett nähen, siehe Seite 85, und in das Kissen stecken.

## GRÖSSE

Ø 40 cm

## MATERIAL

- Fleecestoff in Schwarz, 70 cm x 85 cm
- Baumwollstoff in Rot-Weiß kariert (30 cm x 45 cm), in Schwarz (5 cm x 10 cm), in Rosa mit roten Herzen (10 cm x 15 cm) und in Rot (10 cm x 10 cm)
- Stickfilz in Weiß, 10 cm x 15 cm
- Bommelborte in Weiß, 1,5 cm breit, 45 cm
- Volumenvlies H 630, 30 cm x 45 cm
- Vliesofix, 15 x 30 cm
- Stylefix
- Füllwatte, 285 g
- Reißverschluss und Stoff für das Inlett siehe Seite 82

## SCHNITTMUSTERBOGEN

1A, 1B, 2A und 2B

# Maria Käferlein

Glücksbringer

**1** Die Kissenvorderseite (1x im Stoffbruch), die Teile für die Rückseite, siehe Kissenvarianten Seite 83 ff., und die Umrandung der Augen (4x) aus dem grünen Fleece zuschneiden. Die Krone (2x) aus dem goldfarbenen Stoff ausschneiden. Die Augen (2x) auf ein Stück Vliesofix für den Stickfilz aufzeichnen ebenso die Wange (2x) für den Stoff in Rosa, die Pupillen (2x) und die Nasenlöcher (2x) für den schwarzen Stoff. Die Vliesofixteile auf die linken Seiten der entsprechenden Stoffe bügeln, siehe auch »Applizieren« auf Seite 80. Dann alle Teile exakt ausschneiden.

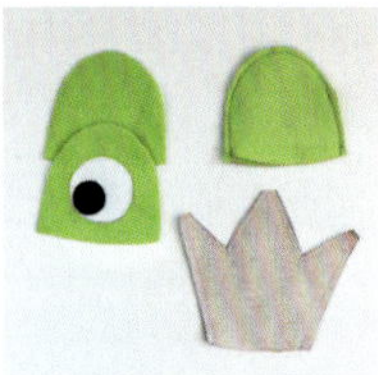

**2** Auf zwei Teile für die Augenumrandungen die Augen und die Pupillen aufbügeln und jeweils rundum mit einem Gerad- bzw. Zickzackstich aufnähen. Jeweils ein Teil der Augenumrandung mit aufgenähtem Auge und eins ohne rechts auf rechts aufeinanderstecken und rundum füßchenbreit zusammennähen. Auch die Krone rechts auf rechts legen und zusammennähen, nur die unteren Kanten bleiben jeweils offen. Alle Nahtzugaben an den Rundungen mehrfach einschneiden, an der Krone den Stoff zwischen den Zacken bis dicht an die Naht einschneiden und an den Kronenspitzen die Nahtzugaben zurückschneiden.

**3** Augen und Krone wenden, vorsichtig bügeln und mit etwas Füllwatte ausstopfen. Dann die unteren, noch offenen Kanten knappkantig zusammennähen.

**4** Die Nasenlöcher und die Wangen, wie auf dem Steppfoto und der Legeskizze auf Seite 87 zu sehen, auf die Vorderseite bügeln und jeweils mit einem Zickzackstich aufnähen. Den Mund aufzeichnen und mit einem engen Zickzackstich aufnähen.

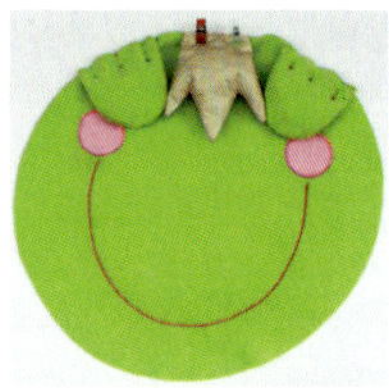

**5** Die Augen und die Krone rechts auf rechts auf das Kissenvorderteil stecken und knappkantig annähen.

**6** Das Kissen mit dem gewünschten Verschluss, siehe Seite 83 ff., fertigstellen. Je nach Verschluss das Inlett nähen, siehe Seite 85, und in das Kissen stecken.

### GRÖSSE

Ø 40 cm

### MATERIAL

- Fleecestoff in Hellgrün, 60 cm x 85 cm
- Baumwollstoff in Rosa (10 cm x 15 cm) und in Schwarz (5 cm x 10 cm)
- Stickfilz in Weiß, 10 cm x 15 cm
- beschichteter Stoff in Gold, 20 cm x 35 cm
- Vliesofix, 20 cm x 20 cm
- Füllwatte, 285 g
- Reißverschluss und Stoff für das Inlett siehe Seite 82

### SCHNITTMUSTERBOGEN

1A, 1B und 2A

# Prinz Quak

vornehmer Frosch

# Rainer Reinlich

niedlicher Waschbär

**1** Die Kissenvorderseite (1x im Stoffbruch) und die Teile für die Rückseite, siehe Kissenvarianten Seite 83 ff., aus dem melierten Fleece, das Gesicht (1x) und die Ohren (4x) aus dem ecrufarbenen Fleece zuschneiden.

**2** Die Innenohren (2x) auf ein Stück Vliesofix für den Hellgraumelierten Stoff aufzeichnen ebenso die Wange (2x) und Stirnhaare (10x) für den Stoff in Rosa, die Augenzeichnung (2x), Pupille (2x), Nase (1x) und Maul (1x) für den schwarzen Stoff sowie Auge und Lichtreflex (je 2x) für den Stickfilz. Die Vliesofixteile auf die linken Seiten der entsprechenden Stoffe bügeln, siehe auch »Applizieren« auf Seite 80. Dann alle Teile exakt ausschneiden.

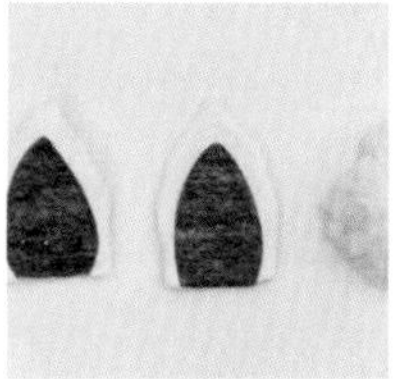

**3** Die Innenohren mittig und am unteren Rand bündig auf die rechte Seite von zwei Ohrteilen bügeln und mit einem farblich passenden Zickzackstich aufnähen. Je ein Ohrteil mit und eins ohne Innenohr rechts auf rechts rundum füßchenbreit zusammennähen, der untere Rand bleibt jeweils offen. Die Nahtzugaben an allen Rundungen in kleinen Abständen bis dicht an die Naht einschneiden und an den Ohrspitzen etwas zurückschneiden. Ohren wenden, bügeln und mit etwas Füllwatte ausstopfen. Die offenen Kanten jeweils knappkantig zusammennähen.

**4** Zuerst das Gesicht auf die Vorderseite stecken und mit passendem Nähgarn und einem Zickzackstich aufnähen. Dann alle anderen Teile, wie auf dem Steppfoto zu sehen, auf das vordere Kissenteil stecken bzw. bügeln und mit passendem Nähgarn und einem Zickzackstich aufnähen, die Augen und Pupillen aus Stickfilz werden mit einem Geradstich aufgenäht.

**5** Die Ohren, wie auf dem Steppfoto zu sehen, rechts auf rechts an die Vorderseite stecken und knappkantig annähen.

**6** Das Kissen mit dem gewünschten Verschluss, siehe Seite 83 ff., fertigstellen. Je nach Verschluss das Inlett nähen, siehe Seite 85, und in das Kissen stecken.

### GRÖSSE

Ø 40 cm

### MATERIAL

- Fleecestoff in Hellgrau-meliert, 55 cm x 85 cm
- Baumwollfleece in Ecru (40 cm x 45 cm), in Schwarz (15 cm x 30 cm) und in Rosa (10 cm x 10 cm)
- Stickfilz in Weiß, 5 cm x 10 cm
- Vliesofix, 15 cm x 35 cm
- Füllwatte, 285 g
- Reißverschluss und Stoff für das Inlett siehe Seite 82

### SCHNITTMUSTERBOGEN

1A, 1B und 2A

**1** Die Kissenvorderseite (1x im Stoffbruch) und die Teile für die Rückseite, siehe Kissenvarianten Seite 83 ff., aus dem Stoff in Mint, den Bauch (1x) und die Ohren (4x, je 2 gegengleiche Teile) aus dem Punktestoff, die Füße (4x) aus Sternenstoff und das Gesicht (1x) aus Filz zuschneiden.

**2** Die Augenteile (je 2x) bis auf die Pupille jeweils auf ein Stück Vliesofix aufzeichnen ebenso den Schnabel (1x) für den karierten Stoff. Die Vliesofix-teile auf die linken Seiten der entsprechenden Stoffe bügeln, siehe Steppfoto und »Applizieren« auf Seite 80. Dann alle Teile exakt ausschneiden.

**3** Das Gesicht und den Bauch auf die Vorderseite stecken und mit einem Zickzackstich in passender Farbe aufnähen. Dann Augen und Schnabel aufbügeln und die Teile ebenfalls mit passendem Nähgarn und einem Zickzackstich aufnähen. Die Pupillen und Wangen aus Flexfolie ausschneiden oder plotten, dann nach Herstellerangaben aufbügeln oder aufpressen. Entlang der Oberkante des Bauchs Stylefix anbringen und damit die Bommelborte fixieren und anschließend annähen.

**4** Jeweils 2 Ohrteile sowie je 2 Fußteile rechts auf rechts passend aufeinanderstecken und rundum füßchenbreit zusammennähen, der untere Rand bleibt jeweils offen. Die Nahtzugaben an allen Rundungen in kleinen Abständen bis dicht an die Naht einschneiden, die Nahtzugaben an den Spitzen etwas zurückschneiden.

**5** Dann die Ohren und Füße wenden, bügeln und mit etwas Füllwatte ausstopfen. Die offenen Kanten jeweils mit Stecknadeln fixieren und knappkantig zusammennähen. Die Ohren und Füße, wie auf dem Steppfoto zu sehen, rechts auf rechts auf die Vorderseite stecken und knappkantig annähen.

**6** Kissenvorder- und Rückseite mit dem gewünschten Verschluss, siehe Seite 83 ff., zusammennähen. Dann das Kissen wenden und bügeln. Das Inlett nähen, siehe Seite 85, und in das Kissen stecken, evtl. die Wendeöffnung schließen

## GRÖSSE

Ø 40 cm

## MATERIAL

- Baumwollstoff in Mint (45 cm x 85 cm), in Grau mit mintfarbenen Punkten (30 cm x 45 cm), in Mintgrün mit weißen Sternen (30 cm x 35 cm), in Grau (10 cm x 20 cm), in Schwarz (5 cm x 10 cm) und in Grau-Weiß kariert (5 cm x 10 cm)
- Filz in Weiß, 20 cm x 35 cm
- Flexfolie in Hellrosa, 5 cm x 10 cm
- Rest Flexfolie in Weiß
- Bommelborte in Weiß, 2,5 cm breit, 45 cm
- Vliesofix, 15 cm x 20 cm
- Stylefix
- Füllwatte, 285 g
- Reißverschluss und Stoff für das Inlett siehe Seite 82

## SCHNITTMUSTERBOGEN

1A, 1B, 2A und 2B

- Die Vorlagen zum Plotten stehen in der Digitalen Bibliothek zur Verfügung, siehe Seite 81.

# Nuria Nachtwächter

nachtaktive Eule

# werner walde

frecher Rehbock

**1** Die Kissenvorderseite (1x im Stoffbruch), die Teile für die Rückseite, siehe Kissenvarianten Seite 83 ff., und die Ohren (4x) aus dem Fleece, aus dem weißen Filz die Flecken (je 1x) und aus dem Glitzerstoff die Geweihstangen (4x) und die Nasenspitze (1x) zuschneiden. Das Volumenvlies auf die linke Seite des karierten Stoffs bügeln und daraus die Innenohren (2x) zuschneiden.

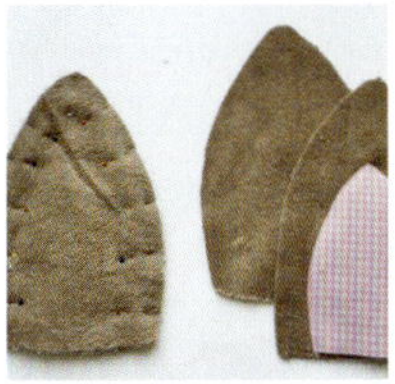

**2** Die Innenohren mittig und am unteren Rand bündig auf die rechte Seite von zwei Ohrteilen stecken und mit einem farblich passenden Zickzackstich aufnähen. Je ein Ohrteil mit und eins ohne Innenohr rechts auf rechts passend aufeinanderstecken und rundum füßchenbreit zusammennähen, der untere Rand bleibt jeweils offen.

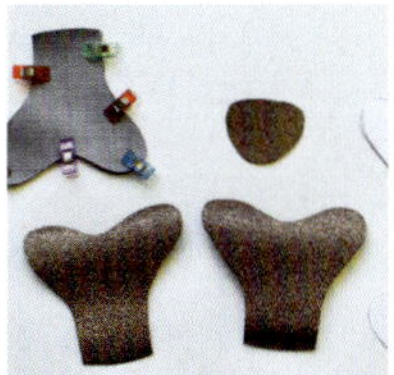

**3** Je 2 Geweihteile rechts auf rechts passend mit Klammern aufeinander fixieren und rundum füßchenbreit zusammennähen, der untere Rand bleibt jeweils offen.

**4** Die Nahtzugaben an allen Rundungen der Ohren und Geweihstangen in kleinen Abständen bis dicht an die Naht einschneiden, die Nahtzugaben an den Spitzen etwas zurückschneiden. Geweihe und Ohren wenden und vorsichtig, den

Glitzerstoff eventuell mit einem Bügeltuch bügeln und mit etwas Füllwatte ausstopfen. Die offenen Kanten jeweils aufeinanderstecken, dabei an den Ohren einmal die rechte Seite, am anderen Ohr die linke Seite etwas nach innen knicken. Dann die offenen Kanten an allen Teilen jeweils knappkantig zusammennähen.

**5** Das Gesicht und die Fellflecken, wie auf der Legeskizze auf Seite 88 und dem Steppfoto zu sehen, auf die Vorderseite stecken und mit einem Geradstich in Weiß jeweils rundum aufnähen.

**6** Die Augen, Pupillen, Sommersprossen, Wangen und den Mund aus den entsprechenden Flexfolien ausschneiden oder plotten und nach Herstellerangaben aufbügeln oder aufpressen. Darauf achten, dass nur das weiße Gesicht unter die Presse gelegt wird, da der Fleecestoff eventuell nicht hitzebeständig genug ist. Die Nasenspitze auflegen und mit Zickzackstichen in passender Farbe festnähen.

**7** Die Ohren und die Geweihstangen rechts auf rechts auf die Vorderseite stecken, sodass die Spitzen jeweils zur Kissenmitte zeigen und knappkantig annähen.
Das Kissen mit dem gewünschten Verschluss, siehe Seite 83 ff., fertigstellen. Je nach Verschluss das Inlett nähen, siehe Seite 85, und in das Kissen stecken.

## GRÖSSE

Ø 60 cm

## MATERIAL

- Fleecestoff in Hellbraun, 85 cm x 125 cm
- Filz in Weiß, 40 cm x 65 cm
- Glitzerstoff in Braun, 25 cm x 30 cm
- Baumwollstoff in Rosa-Weiß kariert, 10 cm x 30 cm
- Flexfolie in Schwarz, 10 cm x 15 cm
- Flexfolie in Rosa, 10 cm x 15 cm
- Rest Flexfolie in Weiß
- Volumenvlies H 630, 10 cm x 30 cm
- Füllwatte, 855 g
- Reißverschluss und Stoff für das Inlett siehe Seite 82

## SCHNITTMUSTERBOGEN

1A, 1B und 2A

- Die Vorlagen zum Plotten stehen in der Digitalen Bibliothek zur Verfügung, siehe Seite 81.

**1** Die Kissenvorderseite (1x im Stoffbruch), die Teile für die Rückseite, siehe Kissenvarianten Seite 83 ff., und die Ohren (4x) aus dem Frotteestoff zuschneiden. Das Volumenvlies auf die linke Seite des weißen Baumwollstoffs bügeln und daraus das Gesicht (1x) zuschneiden.

**2** Die Innenohren (2x) auf ein Stück Vliesofix für den gestreiften Stoff aufzeichnen ebenso die Augen (2x) und die Nase (1x) für den schwarzen Stoff sowie die Feder (je 1x) für den Stoff mit Punkten und mit Sternen. Die Vliesofixteile auf die linken Seiten der entsprechenden Stoffe bügeln, siehe auch »Applizieren« auf Seite 80. Dann alle Teile exakt ausschneiden.

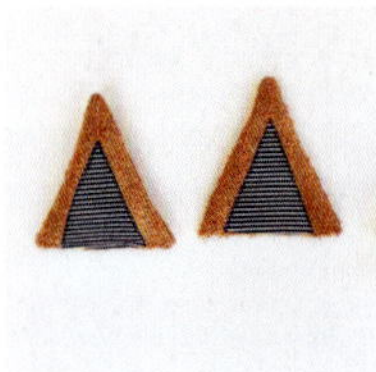

**3** Die Innenohren mittig und am unteren Rand bündig auf die rechte Seite von zwei Ohrteilen bügeln und mit farblich passendem Nähgarn und einem Zickzackstich aufnähen. Jeweils ein Ohrteil mit und eins ohne Innenohr rechts auf rechts passend aufeinanderstecken und rundum füßchenbreit zusammennähen, der untere Rand bleibt jeweils offen. Die Nahtzugaben an den Ohrspitzen etwas zurückschneiden. Dann die Ohren wenden, bügeln und mit etwas Füllwatte ausstopfen. Die offenen Kanten jeweils aufeinanderstecken und knappkantig zusammennähen.

**4** Die Federn auf den Stickfilz bügeln und rundum knappkantig mit einer schwarzen Geradstichnaht festnähen, dann mit einer kleinen Schwere ausschneiden, sodass rundum 3 mm Stickfilz übersteht.

**5** Das Gesicht auf die Vorderseite stecken und mit einem Zickzackstich aufnähen. Dann Augen und Nase aufbügeln und ebenfalls mit passendem Nähgarn und einem Zickzackstich aufnähen. Die Federn mit einem Zentimeter Abstand zur Kante auf der Kissenvorderseite positionieren und jeweils mit einer schwarzen Geradstichnaht in der Federmitte festnähen. Die Wangen aus Flexfolie ausschneiden oder plotten, dann nach Herstellerangaben aufbügeln oder aufpressen. Die Ohren, wie auf dem Steppfoto zu sehen, rechts auf rechts auf die Vorderseite stecken und knappkantig annähen.

**6** Auf der Höhe der Federkiele quer über die gesamte Vorderseite Stylefix kleben und das hellblaue Band damit fixieren. Das Band mit einer Geradstichnaht festnähen, dann die blaue Zackenlitze mittig auf das Band nähen.

**7** Das Kissen mit dem gewünschten Verschluss, siehe Seite 83 ff., fertigstellen. Je nach Verschluss das Inlett nähen, siehe Seite 85, und in das Kissen stecken.

### GRÖSSE

Ø 40 cm

### MATERIAL

- Frotteestoff in Hellbraun, 55 cm x 85 cm
- Baumwollstoff in Weiß (25 cm x 45 cm), in Blau-Weiß gestreift (10 cm x 15 cm), in Hellgrün mit grünen Punkten und in Dunkelblau mit weißen Sternchen (je 15 cm x 10 cm) und in Schwarz (10 cm x 10 cm)
- Stickfilz in Weiß, 20 cm x 20 cm
- Volumenvlies H 630, 25 cm x 45 cm
- Vliesofix, 20 cm x 25 cm
- Band in Hellblau mit Fransen, 2 cm breit, 45 cm
- Zackenlitze in Dunkelblau, 1 cm breit, 45 cm
- Flexfolie in Hellrosa, 5 cm x 10 cm
- Stylefix
- Füllwatte, 285 g
- Reißverschluss und Stoff für das Inlett siehe Seite 82

### SCHNITTMUSTERBOGEN

1A, 1B und 2A

- Die Vorlagen zum Plotten stehen in der Digitalen Bibliothek zur Verfügung, siehe Seite 81.

# Charlotte Schlawiner

schlauer Fuchs

# Hilde Hoppel

schmuseweiche Hasenfreundin

**1** Die Kissenvorderseite (1x im Stoffbruch), die Teile für die Rückseite, siehe Kissenvarianten Seite 83 ff., und die Ohren (4x) aus dem Fleece zuschneiden.

Die Innenohren (2x) auf ein Stück Vliesofix für den Stoff mit grauen Punkten aufzeichnen ebenso die Wange (2x) für den Glitzerstoff, die Nasenspitze (1x) für den grauen Stoff und die Augen (2x) für den schwarzen Stoff. Die Vliesofixteile auf die linken Seiten der entsprechenden Stoffe bügeln, siehe auch »Applizieren« auf Seite 80. Dann alle Teile exakt ausschneiden.

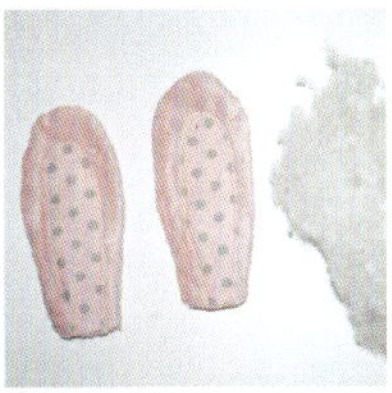

**2** Die Innenohren mittig und am unteren Rand bündig auf die rechte Seite von zwei Ohrteilen bügeln und mit farblich passendem Nähgarn und einem Zickzackstich aufnähen. Jeweils ein Ohrteil mit und eins ohne Innenohr rechts auf rechts passend aufeinanderstecken und rundum füßchenbreit zusammennähen, der untere Rand bleibt jeweils offen. Die Nahtzugaben an allen Rundungen in kleinen Abständen bis dicht an die Naht einschneiden, die Nahtzugaben an den Spitzen etwas zurückschneiden. Dann die Ohren wenden, bügeln und mit etwas Füllwatte ausstopfen. Die offenen Kanten jeweils aufeinanderstecken und knappkantig zusammennähen.

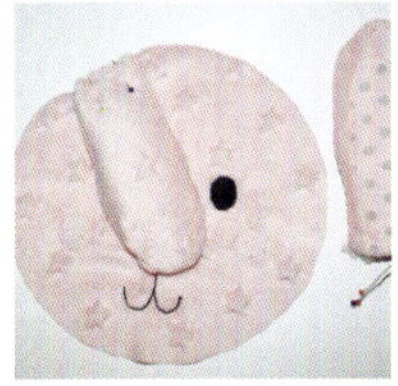

**3** Den Mund, wie auf dem Schnittmusterbogen eingezeichnet, mit einem Sublimatstift auf die Vorderseite zeichnen und mit einem Doppel- oder Dreifachstich und schwarzem Nähgarn aufsticken. Die Augen und die Nasenspitze aufbügeln und mit passendem Nähgarn und einem Zickzackstich aufnähen.

Die Ohren, wie auf dem Steppfoto zu sehen, rechts auf rechts auf die Vorderseite stecken und knappkantig annähen.

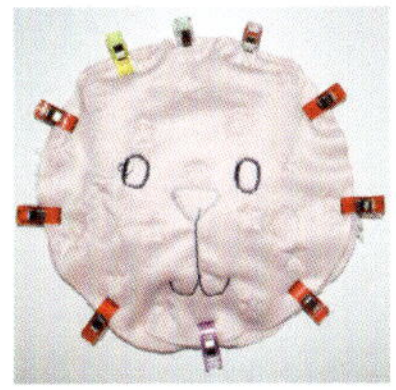

**4** Das Kissen mit dem gewünschten Verschluss, siehe Seite 83 ff., fertigstellen. Je nach Verschluss das Inlett nähen, siehe Seite 85, und in das Kissen stecken.

**5** Aus dem Blümchenstoff ein 8 cm x 12 cm großes Rechteck für die Schleife zuschneiden. Das Rechteck rechts auf rechts falten, sodass die Längskanten aufeinanderliegen und diese Kanten zusammennähen. Das Teil wenden und die offenen Kanten jeweils 0,5 cm breit nach innen umbügeln. An einer Seite die Kanten schon knapp aufeinandersteppen, die Schleife mit etwas Füllwatte füllen und dann auch die andere Seite zunähen.

**8** Die Schleifenmitte mehrmals mit weißem Nähgarn umwickeln, die Fadenenden verknoten. Dann die Schleife von Hand an das linke Hasenohr nähen.

## GRÖSSE

Ø 20 cm

## MATERIAL

- Minkyfleece in Rosa mit Sternchen, 35 cm x 40 cm
- Baumwollstoff in Rosa mit grauen Punkten (10 cm x 15 cm), in Rosa-Grau mit Blümchen (10 cm x 15 cm)
- Baumwollstoffreste in Grau, Schwarz und Rosa mit lila Glitzerpunkten
- Vliesofix, 15 cm x 15 cm
- Füllwatte, 60 g
- Reißverschluss und Stoff für das Inlett siehe Seite 82

## SCHNITTMUSTERBOGEN

1A, 1B und 2A

# Blubber Brothers

## bunte Fische

**1** Die Kissenvorderseite (1x im Stoffbruch) und die Teile für die Rückseite, siehe Kissenvarianten Seite 83 ff., aus Stoff A, den Bauch (1x, Stoff B), die Schwanzflosse (2x, Stoff C) und das Maul (2x, Stoff D) zuschneiden. Das Auge (1x) auf ein Stück Vliesofix für den weißen Filz aufzeichnen, die Bauchflosse (1x) für Stoff F ebenso die Pupille (2x) für den schwarzen Stoff. Die Vliesofixteile auf die linken Seiten der entsprechenden Stoffe bügeln, siehe auch »Applizieren« auf Seite 80. Dann alle Teile exakt ausschneiden.

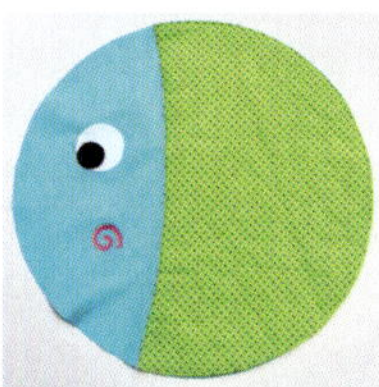

**2** Den Bauch auf die Vorderseite stecken. Dann Augen und Pupillen aufbügeln und alle Teile mit einem Gerad- oder Zickzackstich aufnähen. Die Wange (1x) aus Flexfolie ausschneiden oder plotten, dann nach Herstellerangaben aufbügeln oder aufpressen.

**3** Jeweils die beiden Schwanzflossen und Maulteile rechts auf rechts rundum füßchenbreit zusammennähen, der untere Rand bleibt jeweils offen. Die Nahtzugaben an allen Rundungen in kleinen Abständen bis dicht an die Naht einschneiden und an den Spitzen etwas zurückschneiden. Dann Maul und Flosse wenden, bügeln, mit etwas Füllwatte ausstopfen und die offenen Kanten jeweils knappkantig zusammennähen.

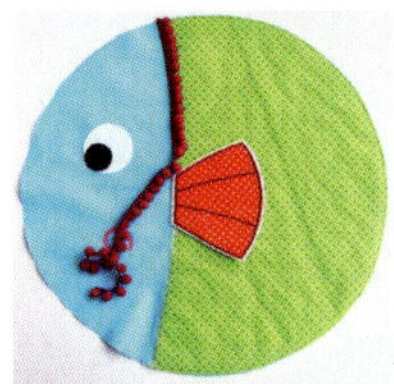

**4** Die Bauchflosse auf den Stickfilz bügeln und rundum knappkantig mit einer schwarzen Geradstichnaht festnähen, die Flossenunterteilungen ebenfalls mit einer Geradstichnaht aufsticken. Dann die Flosse mit einer kleinen Schere ausschneiden, sodass rundum jeweils noch 3 mm Stickfilz sichtbar ist. Auf dem Übergang zwischen Bauch- und Kopfteil Stylefix anbringen und die Körperflosse damit bündig ankleben. Die Bommelborte bzw. die Zackenlitze über der Bauchnaht befestigen und festnähen.

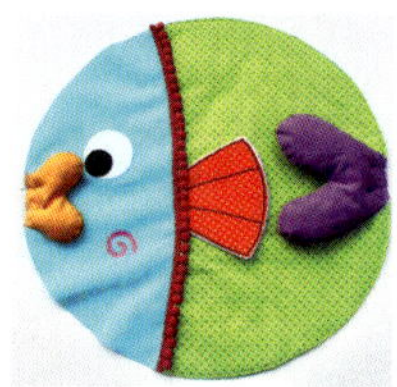

**5** Maul und Schwanzflosse, wie auf dem Steppfoto zu sehen, rechts auf rechts auf die Vorderseite stecken und knappkantig annähen. Das Kissen mit dem gewünschten Verschluss, siehe Seite 83 ff., fertigstellen. Je nach Verschluss das Inlett nähen, siehe Seite 85, und in das Kissen stecken.

### GRÖSSE

Ø 20 cm, 40 cm und 60 cm

### MATERIAL

- Reißverschluss, Füllwatte und Stoff für das Inlett siehe Seite 82

### SCHNITTMUSTERBOGEN

1A, 1B, 2A und 2B

- Die Vorlagen zum Plotten stehen in der Digitalen Bibliothek zur Verfügung, siehe Seite 81.

### KLEINER FISCH

- Baumwollstoff in Gelb, (Stoff A, 25 cm x 45 cm), in Orange mit weißen Punkten (Stoff B, 15 cm x 25 cm), Reste in Türkis (Stoff C), in Flieder (Stoff D), Schwarz (Stoff E) und Pink mit weißen Sternen (Stoff F)
- Rest Stickfilz in Weiß (Stoff G)
- Vliesofix, 10 cm x 10 cm
- Rest Flexfolie in Rosa
- Zackenlitze in Lila, 1 cm breit, 25 cm
- Stylefix

**MITTELGROSSER FISCH**

- Baumwollstoff in Türkis, (Stoff A, 45 cm x 85 cm), in Hellgrün mit grünen Punkten (Stoff B, 25 cm x 45 cm), in Flieder (Stoff C), 20 cm x 30 cm), in Gelb (Stoff D, 15 cm x 20 cm), in Orange mit weißen Punkten (Stoff F, 10 cm x 15 cm) und Rest in Schwarz (Stoff E)
- Rest Stickfilz in Weiß (Stoff G)
- Vliesofix, 10 cm x 20 cm
- Flexfolie in Rosa, 5 cm x 5 cm
- Bommelborte in Pink, 1,5 cm breit, 45 cm
- Stylefix

**GROSSER FISCH**

- Baumwollstoff in Flieder (Stoff A, 65 cm x 125 cm), in Pink mit weißen Sternen (Stoff B, 40 cm x 65 cm), in Hellgrün mit grünen Punkten (Stoff F, 20 cm x 20 cm), in Gelb (Stoff C, 30 cm x 45 cm), in Türkis (Stoff D, 20 cm x 25 cm) und in Schwarz (Stoff E, 10 cm x 10 cm)
- Stickfilz in Weiß (Stoff G, 20 cm x 30 cm)
- Vliesofix, 15 cm x 30 cm
- Flexfolie in Rosa, 10 cm x 10 cm
- Bommelborte in Weiß, 3 cm breit, 65 cm
- Stylefix

**1** Das Volumenvlies auf die linken Seiten vom gelben und cremefarbenen Stoff bügeln. Die Kissenvorderseite (1x im Stoffbruch) und die Teile für die Rückseite, siehe Kissenvarianten Seite 83 ff., aus dem Stoff in Taupe, die Ohren (je 2x) aus dem Sternenstoff und in Gelb, das Gesicht (1x) in Gelb und die Schnauze (1x) in Creme zuschneiden.
Den Stirnstreifen (1x) auf ein Stück Vliesofix aufzeichnen, das Vliesofix auf die linke Seite des Leinenstoffs bügeln, siehe auch »Applizieren« auf Seite 80. Dann den Streifen exakt ausschneiden.

**2** Aus dem Jersey einen 6 cm x 115 cm langen Streifen schneiden und den kompletten Streifen für die Mähne in ca. 2 cm großen Abständen bis 1 cm vor den Rand quer einschneiden.

**3** Jeweils ein Ohrteil aus Sternenstoff und eins in Gelb rechts auf rechts passend aufeinanderstecken und rundum füßchenbreit zusammennähen, der untere Rand bleibt jeweils offen. Die Nahtzugaben an allen Rundungen in kleinen Abständen bis dicht an die Naht einschneiden, die Nahtzugaben an den Spitzen etwas zurückschneiden. Dann die Ohren wenden und bügeln. Die offenen Kanten jeweils knappkantig zusammennähen.

Die Ohren, wie auf dem Steppfoto zu sehen, mit der Sternenseite nach unten auf die Rückseite des Gesichts stecken und knappkantig annähen. Ebenfalls auf der Rückseite des Gesichts an der Kante rundum Stylefix anbringen und damit den Mähnenstreifen fixieren.

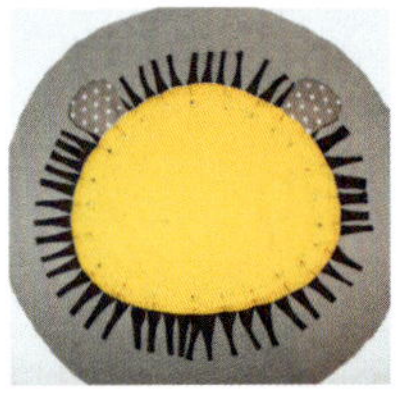

**4** Das Gesicht auf die Vorderseite stecken und mit passendem Nähgarn und einem Zickzackstich aufnähen.

**5** Danach zuerst den Stirnstreifen aufbügeln und festnähen, dann die Schnauze feststecken und ebenfalls mit Zickzackstichen aufnähen. Die restlichen Teile für das Gesicht aus Flexfolie ausschneiden oder plotten, dann, wie auf der Legeskizze auf Seite 88 und dem Steppfoto zu sehen, nach Herstellerangaben aufbügeln oder aufpressen.

**6** Das Kissen mit dem gewünschten Verschluss, siehe Seite 83 ff., fertigstellen. Je nach Verschluss das Inlett nähen, siehe Seite 85, und in das Kissen stecken.

## GRÖSSE

Ø 60 cm

## MATERIAL

- Waffelpiqué in Taupe, 65 cm x 125 cm
- Baumwollstoff in Gelb (40 cm x 45 cm), in Creme (20 cm x 25 cm), in Hellbraun mit weißen Sternen (10 cm x 20 cm)
- Leinenstoff in Beige, 15 cm x 20 cm
- Jersey in Braun, 10 cm x 115 cm
- Flexfolie in Schwarz, 15 cm x 20 cm
- Flexfolie in Braun, 5 cm x 5 cm
- Flexfolie in Beige, 10 cm x 20 cm
- Volumenvlies H 630, 40 cm x 60 cm
- Vliesofix, 15 cm x 20 cm
- Stylefix
- Füllwatte, 855 g
- Reißverschluss und Stoff für das Inlett siehe Seite 82

## SCHNITTMUSTERBOGEN

1A, 1B, 2A und 2B

- Die Vorlagen zum Plotten stehen in der Digitalen Bibliothek zur Verfügung, siehe Seite 81.

# Marius Mutig

starker Löwe

# Lara Langhals

freche Giraffe

**1** Die Kissenvorderseite (1x im Stoffbruch), die Teile für die Rückseite, siehe Kissenvarianten Seite 83 ff., und die Ohren (4x) aus dem gelben Wellnessfleece, die Hörner (4x) aus dem grauen Baumwollstoff zuschneiden. Auf die Rückseite des beigefarbenen Baumwollstoffs Volumenvlies aufbügeln und daraus die Schnauze (1x) zuschneiden.

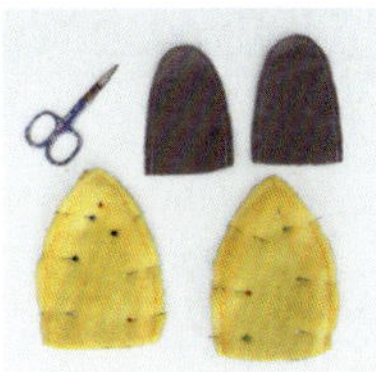

**2** Die Innenohren (2x) auf ein Stück Vliesofix für den gepunkteten Stoff aufzeichnen ebenso die Wange (2x) für den rosafarbenen Stoff, die Fellflecken (je 1x) für den hellbraunen Stoff und die Augen (2x), Mund (1x) und Nasenlöcher (2x) für den schwarzen Stoff. Die Vliesofixteile auf die linken Seiten der entsprechenden Stoffe bügeln, siehe auch »Applizieren« auf Seite 80. Dann alle Teile exakt ausschneiden.

**3** Die Innenohren mittig und am unteren Rand bündig auf die rechte Seite von zwei Ohrteilen aus Fleece bügeln. Mit farblich passendem Nähgarn und einem Zickzackstich aufnähen. Jeweils ein Ohrteil mit und eins ohne Innenohr sowie je zwei Hornteile rechts auf rechts passend aufeinanderstecken und rundum füßchenbreit zusammennähen, der untere Rand bleibt jeweils offen. Die Nahtzugaben an allen Rundungen in kleinen Abständen bis dicht an die Naht einschneiden, die Nahtzugaben an den Ohrspitzen etwas zurückschneiden.

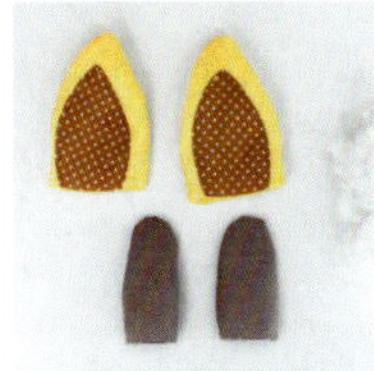

**4** Dann die Ohren und Hörner wenden, bügeln und mit etwas Füllwatte ausstopfen. Die offenen Kanten jeweils aufeinanderstecken und knappkantig zusammennähen.

**5** Die Schnauze auf die Vorderseite stecken. Dann Augen, Nasenlöcher, Mund, Fellflecken und Wangen aufbügeln. Alle Teile mit passendem Nähgarn und einem Zickzackstich aufnähen.

**6** Die Ohren und Hörner, wie auf dem Steppfoto zu sehen, rechts auf rechts auf die Vorderseite stecken und knappkantig annähen.

**7** Das Kissen mit dem gewünschten Verschluss, siehe Seite 83 ff., fertigstellen. Je nach Verschluss das Inlett nähen, siehe Seite 85, und in das Kissen stecken.

## GRÖSSE

Ø 40 cm

## MATERIAL

- Wellnessfleece in Hellgelb, 55 cm x 85 cm
- Baumwollstoff in Beige (25 cm x 40 cm), in Hellbraun (5 cm x 15 cm), in Hellbraun mit weißen Punkten (10 cm x 20 cm), in Grau (20 cm x 25 cm), in Rosa (10 cm x 15 cm) und in Schwarz (5 cm x 20 cm)
- Volumenvlies H 630, 25 cm x 40 cm
- Vliesofix, 15 cm x 30 cm
- Füllwatte, 285 g
- Reißverschluss und Stoff für das Inlett siehe Seite 82

## SCHNITTMUSTERBOGEN

1A, 1B und 2A

**1** Die Kissenvorderseite (1x im Stoffbruch), die Teile für die Rückseite, siehe Kissenvarianten Seite 83 ff., und die Ohren (4x) aus Plüsch, die Schnauze (1x) aus Stickfilz zuschneiden. Die Innenohren (2x) auf ein Stück Vliesofix für den Stoff mit kleinen Sternen aufzeichnen ebenso das graue Fellteil (1x) für den grauen Stoff, die Pupillen (2x) für den Stickfilz, den Stern (1x) für den Stoff mit großen Sternen und die Augen (2x), Nase (1x) und die Fellstreifen (8x) für den schwarzen Stoff. Die Vliesofixteile auf die linken Seiten der entsprechenden Stoffe bügeln, siehe auch »Applizieren« auf Seite 80. Dann alle Teile exakt ausschneiden.

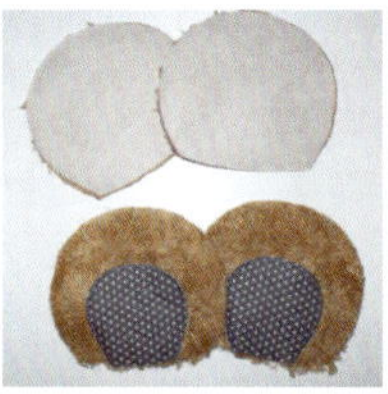

**2** Die Innenohren mittig und am unteren Rand bündig auf die rechte Seite von zwei Ohrteilen bügeln und mit farblich passendem Nähgarn und einem Zickzackstich aufnähen. Jeweils ein Ohrteil mit und eins ohne Innenohr rechts auf rechts passend aufeinanderstecken und rundum füßchenbreit zusammennähen, der untere Rand bleibt jeweils offen. Die Nahtzugaben an allen Rundungen in kleinen Abständen bis dicht an die Naht einschneiden, die Nahtzugaben an den Ohrspitzen etwas zurückschneiden. Dann die Ohren wenden, bügeln und mit etwas Füllwatte ausstopfen. Die offenen Kanten jeweils aufeinanderstecken und knappkantig zusammennähen.

**3** Das graue Fellteil, wie auf der Legeskizze auf Seite 89 und dem Steppfoto zu sehen, auf die Vorderseite stecken und an beiden Seiten mit einem Zickzackstich in passender Farbe festnähen. Dann die Schnauze feststecken und mit einem Geradstich in Weiß rundum aufnähen. Mund, Sommersprossen und Schnurrhaare mit dem Sublimatstift aufzeichnen und dann mit schwarzem Nähgarn und einem Doppel- oder Dreifachstich aufsticken. Anschließend die restlichen Teile für das Gesicht aufbügeln und mit Zickzackstichen in passender Farbe aufnähen, nur der Stern auf der Nase wird mit einem schwarzen Geradstich appliziert. Die Ohren rechts auf rechts auf die Vorderseite stecken und knappkantig annähen.

**4** Das Kissen mit dem gewünschten Verschluss, siehe Seite 83 ff., fertigstellen. Je nach Verschluss das Inlett nähen, siehe Seite 85, und in das Kissen stecken.

### GRÖSSE

Ø 40 cm

### MATERIAL

- Bio-Baumwollplüsch in Hellbraun, 55 cm x 85 cm
- Baumwollstoff in Grau (15 cm x 25 cm), in Schwarz (20 cm x 30 cm), in Grau mit kleinen, weißen Sternen (10 cm x 20 cm) und Rest in Grau mit großen Sternen
- Stickfilz in Weiß, 20 cm x 25 cm
- Vliesofix, 30 cm x 50 cm
- Füllwatte, 285 g
- Reißverschluss und Stoff für das Inlett siehe Seite 82

### SCHNITTMUSTERBOGEN

1A, 1B und 2A

# Tabea Tatz

tapsiges Tigerkind

# Rita Ringel

knuffige Zebradame

**1** Die Kissenvorderseite (1x im Stoffbruch), die Teile für die Rückseite, siehe Kissenvarianten Seite 83 ff., und die Ohren (4x) aus dem ecrufarbenen Baumwollstoff zuschneiden.

Die Innenohren und die Wangen (je 2x) auf ein Stück Vliesofix für den rosafarbenen Baumwollstoff aufzeichnen, die Schnauze (1x) für den grauen Fleece ebenso die Augen (2x), die Nasenlöcher (2x), die Fellstreifen (6x) und den Mund (1x) für den schwarzen Stoff. Die Vliesofixteile auf die linken Seiten der entsprechenden Stoffe bügeln und exakt ausschneiden, siehe auch »Applizieren« auf Seite 80.

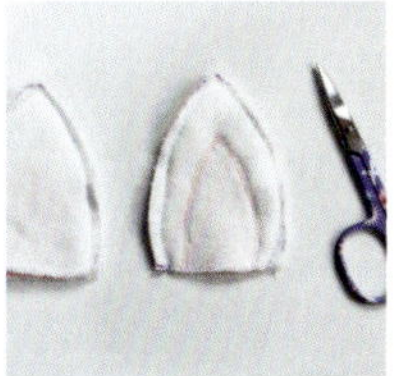

**2** Die Innenohren mittig und am unteren Rand bündig auf die rechte Seite von zwei Ohrteilen bügeln und mit farblich passendem Nähgarn und einem Zickzackstich aufnähen.

Jeweils ein Ohrteil mit und eins ohne Innenohr rechts auf rechts zusammenstecken und rundum füßchenbreit zusammennähen, der untere Rand bleibt offen. Die Nahtzugaben an den Rundungen in kleinen Abständen bis dicht an die Naht einschneiden, die Nahtzugaben an den Spitzen etwas zurückschneiden.

**3** Die Ohren wenden, bügeln und mit etwas Füllwatte ausstopfen. Die offenen Kanten aufeinanderstecken und knappkantig zusammennähen.

**4** Zuerst die Schnauze, dann die Augen, Nasenlöcher, Fellstreifen, Mund und Wangen aufbügeln. Alle Teile mit passendem Nähgarn im Zickzackstich aufnähen.

**5** Die Ohren rechts auf rechts auf die Vorderseite stecken, sodass die Ohrspitzen zur Kissenmitte zeigen, knappkantig annähen.

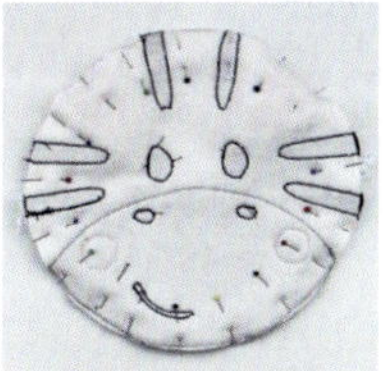

**6** Das Kissen mit dem gewünschten Verschluss, siehe Seite 83 ff., fertigstellen. Je nach Verschluss das Inlett nähen, siehe Seite 85, und in das Kissen stecken.

### GRÖSSE

Ø 20 cm

### MATERIAL

- Baumwollfleece in Ecru, 25 cm x 50 cm
- Fleecestoff in Hellgrau-meliert, 15 cm x 25 cm
- Baumwollstoff in Schwarz (10 cm x 15 cm) und in Rosa (10 cm x 10 cm)
- Vliesofix, 15 cm x 45 cm
- Füllwatte, 60 g
- Reißverschluss und Stoff für das Inlett siehe Seite 82

### SCHNITTMUSTERBOGEN

1A, 1B und 2A

**1** Die Kissenvorderseite (1x im Stoffbruch), die Teile für die Rückseite, siehe Kissenvarianten Seite 83 ff., und die Ohren (4x) aus Fleece zuschneiden. Das Volumenvlies auf die Rückseite des pfirsichfarbenen Stoffs für das Gesicht (1x), des braunen Punktestoffs für die Innenohren (2x) und des beigefarbenen Stoffs für die Schnauze (1x) bügeln. Dann die entsprechenden Teile aufzeichnen. Den Mund (1x), die Augen (2x) und Augenbrauen (2x) auf ein Stück Vliesofix für den schwarzen Stoff aufzeichnen ebenso die Wange (2x) für den Stoff in Rosa und die Nase (1x) für den braunen Stoff. Die Vliesofixteile auf die linken Seiten der entsprechenden Stoffe bügeln, siehe auch »Applizieren« auf Seite 80. Dann alle Teile exakt ausschneiden.

**2** Die Innenohren mittig und am unteren Rand bündig auf die rechten Seiten von zwei Ohrteilen stecken. Mit farblich passendem Nähgarn und einem Zickzackstich aufnähen.

**3** Jeweils ein Ohrteil mit Innenohr und eins ohne rechts auf rechts passend aufeinanderstecken und rundum füßchenbreit zusammennähen, der untere Rand bleibt offen. Die Nahtzugaben bis dicht an die Naht mehrfach einschneiden. Die Ohren wenden, bügeln und mit etwas Füllwatte ausstopfen. Die offenen Kanten aufeinanderstecken und knappkantig zusammennähen.

**4** Das Gesicht auf die Kissenvorderseite stecken und mit passendem Nähgarn und einem Zickzackstich aufnähen. Dann auch die Schnauze mit Stecknadeln fixieren und aufnähen.

**5** Dann alle übrigen Teile für das Gesicht aufbügeln und jeweils mit passendem Nähgarn und einem Zickzackstich aufnähen.

**6** Die Ohren, wie auf dem Steppfoto zu sehen, rechts auf rechts auf die Vorderseite stecken und knappkantig annähen.

**7** Das Kissen mit dem gewünschten Verschluss, siehe Seite 83 ff., fertigstellen. Je nach Verschluss das Inlett nähen, siehe Seite 85, und in das Kissen stecken.

### GRÖSSE

Ø 60 cm

### MATERIAL

- Fleecestoff in Braun, 85 cm x 125 cm
- Baumwollstoff in Beige (25 cm x 30 cm), in Rosa (10 cm x 15 cm), in Braun mit weißen Punkten (15 cm x 30 cm), in Schwarz (15 cm x 25 cm), in Braun (10 cm x 10 cm) und in Pfirsich (45 cm x 55 cm)
- Rest Stickfilz in Weiß
- Volumenvlies H 630, 55 cm x 65 cm
- Vliesofix, 20 cm x 30 cm
- Füllwatte, 855 g
- Reißverschluss und Stoff für das Inlett siehe Seite 82

### SCHNITTMUSTERBOGEN

1A, 1B und 2A

# Wilma Wendig

flinker Affe

**1** Die Kissenvorderseite (1x im Stoffbruch) und die Teile für die Rückseite, siehe Kissenvarianten Seite 83 ff., aus dem grauen Fleece, die Ohren (je 2x) aus dem grauen Fleece und dem rosafarbenen Stoff mit Punkten zuschneiden. Das Volumenvlies auf die linke Seite des rosafarbenen Stoffs bügeln und daraus die Schnauze (1x) zuschneiden.

**2** Den Zahn (1x) und Pupille (2x) auf ein Stück Vliesofix für den weißen Stoff und die Augen (2x), Mund (1x), Augenbrauen (2x) und Nasenlöcher (2x) auf Vliesofix für den schwarzen Stoff aufzeichnen. Die Vliesofixteile auf die linken Seiten der entsprechenden Stoffe bügeln, siehe auch »Applizieren« auf Seite 80. Dann alle Teile exakt ausschneiden.

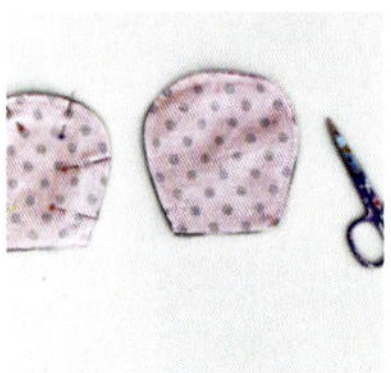

**3** Jeweils ein Ohrteil in Rosa und eins aus Fleece rechts auf rechts passend aufeinanderstecken und rundum füßchenbreit zusammennähen, der untere Rand bleibt jeweils offen. Die Nahtzugaben an den Rundungen in kleinen Abständen bis dicht an die Naht einschneiden, die Nahtzugaben an den Spitzen etwas zurückschneiden.

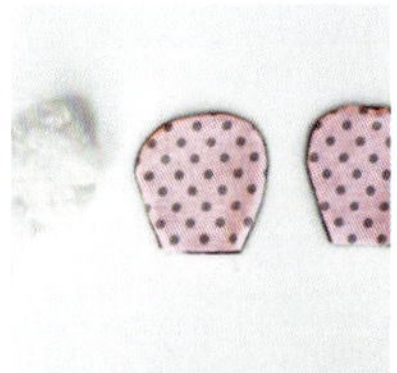

**4** Die Ohren wenden und bügeln und mit etwas Füllwatte ausstopfen. Die offenen Kanten jeweils aufeinanderstecken und knappkantig zusammennähen.

**5** Die Schnauze auf die Vorderseite stecken. Dann Augen, Nasenlöcher, Zahn, Mund, Augenbrauen und Pupillen aufbügeln. Alle Teile mit passendem Nähgarn und einem Zickzackstich aufnähen. Die Wangen aus Flexfolie ausschneiden oder plotten, dann nach Herstellerangaben aufbügeln oder aufpressen.

**6** Das Kissen mit dem gewünschten Verschluss, siehe Seite 83 ff., fertigstellen. Je nach Verschluss das Inlett nähen, siehe Seite 85, und in das Kissen stecken.

### GRÖSSE

Ø 40 cm

### MATERIAL

- Baumwollfleece in Hellgrau, 55 cm x 85 cm
- Baumwollstoff in Rosa (25 cm x 40 cm), in Rosa mit grauen Punkten (10 cm x 20 cm), in Schwarz (10 cm x 15 cm) und Rest in Weiß
- Flexfolie in Rosa, 5 cm x 10 cm
- Volumenvlies H 630, 25 cm x 40 cm
- Viesofix, 10 cm x 15 cm
- Füllwatte, 285 g
- Reißverschluss und Stoff für das Inlett siehe Seite 82

### SCHNITTMUSTERBOGEN

1A, 1B und 2A

- Die Vorlagen zum Plotten stehen in der Digitalen Bibliothek zur Verfügung, siehe Seite 81.

# Doris Dickmann

üppige Nilpferddame

# Pia Panda

schwarz-weiße Schmusefreundin

**1** Die Kissenvorderseite (1x im Stoffbruch) und die Teile für die Rückseite, siehe Kissenvarianten Seite 83 ff., sowie die Ohren (je 2x) aus dem ecrufarbenen Baumwollfleece und dem schwarzen Baumwollstoff mit weißen Sternen ausschneiden.

**2** Die Augen (2x), Nase und Mund (je 1x) auf ein Stück Vliesofix für den schwarzen Stoff aufzeichnen ebenso die Wange (2x) für den rosafarbenen Stoff und die Augenflecken (2x) für den grauen Stoff. Die Vliesofixteile auf die linken Seiten der entsprechenden Stoffe bügeln, siehe auch »Applizieren« auf Seite 80. Dann alle Teile exakt ausschneiden.

**3** Jeweils ein Ohrteil aus Fleece und ein Ohrteil aus Sternenstoff rechts auf rechts passend aufeinanderstecken und rundum füßchenbreit zusammennähen, der untere Rand bleibt jeweils offen. Anschließend die Nahtzugaben an allen Rundungen in kleinen Abständen bis dicht an die Naht einschneiden.

**4** Die Ohren wenden, bügeln und mit etwas Füllwatte ausstopfen. Die offenen Kanten aufeinanderstecken und knappkantig zusammennähen.

**5** Zuerst die Augenflecken, dann alle übrigen Teile für das Gesicht, wie auf dem Steppfoto und der Legeskizze auf Seite 88 zu sehen, auf die Vorderseite bügeln und mit passendem Nähgarn und einem Zickzackstich aufnähen.

**6** Die Ohren, wie auf der Legeskizze zu sehen, rechts auf rechts auf die Vorderseite stecken, sodass die Ohrspitzen zur Kissenmitte zeigen, und knappkantig annähen.

Das Kissen mit dem gewünschten Verschluss, siehe Seite 83 ff., fertigstellen. Je nach Verschluss das Inlett nähen, siehe Seite 85, und in das Kissen stecken.

### GRÖSSE

Ø 40 cm

### MATERIAL

- Baumwollfleece in Ecru, 45 cm x 95 cm
- Baumwollstoff in Dunkelgrau (15 cm x 25 cm), in Rosa (10 cm x 10 cm), in Schwarz (10 cm x 15 cm) und in Schwarz mit weißen Sternen (15 cm x 20 cm)
- Vliesofix, 25 cm x 35 cm
- Füllwatte, 285 g
- Reißverschluss und Stoff für das Inlett siehe Seite 82

### SCHNITTMUSTERBOGEN

1A, 1B und 2A

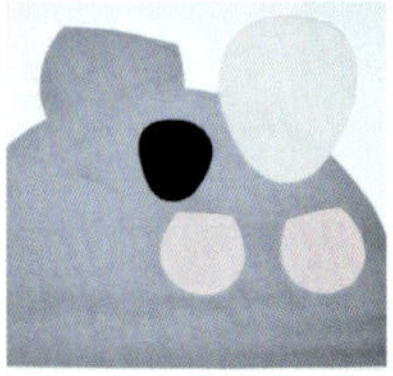

**1** Die Kissenvorderseite (1x im Stoffbruch), die Teile für die Rückseite, siehe Kissenvarianten Seite 83 ff., und die Ohren (4x) aus dem grauen Stoff und die Schnauze (1x) aus Filz zuschneiden. Das Volumenvlies auf die linke Seite des Stoffs mit Glitzerpunkten bügeln und daraus die Innenohren (2x) zuschneiden. Die Nasenspitze (1x) auf Vliesofix aufzeichnen und das Vliesofix auf die linke Seite des schwarzen Stoffs bügeln, dann die Nasenspitze exakt ausschneiden.

**2** Die Schnauze auf die Vorderseite stecken und mit einem Geradstich in Weiß aufnähen. Dann die Nasenspitze aufbügeln und mit einem Zickzackstich aufnähen. Augen, Wangen, Mund und Sterne ausschneiden oder plotten, dann nach Herstellerangaben aufbügeln oder aufpressen.

**3** Die Innenohren mittig und am unteren Rand bündig auf die rechte Seite von zwei Ohrteilen in Grau stecken und mit farblich passendem Nähgarn und einem Zickzackstich aufnähen. Jeweils ein Ohrteil mit und eins ohne Innenohr rechts auf rechts passend aufeinanderstecken und rundum füßchenbreit zusammennähen, der untere Rand bleibt jeweils offen. Die Nahtzugaben an allen Rundungen in kleinen Abständen bis dicht an die Naht einschneiden, die Nahtzugaben an den Ohrspitzen etwas zurückschneiden. Dann die Ohren wenden, bügeln, knappkantig absteppen und mit etwas Füllwatte ausstopfen. Die offenen Kanten jeweils aufeinanderstecken und knappkantig zusammennähen.

**4** Die Ohren, wie auf dem Steppfoto zu sehen, rechts auf rechts auf die Vorderseite stecken und knappkantig annähen.

**5** Das Kissen mit dem gewünschten Verschluss, siehe Seite 83 ff., fertigstellen. Je nach Verschluss das Inlett nähen, siehe Seite 85, und in das Kissen stecken.

**6** Das Rechteck aus dem Stoff mit Herzen rechts auf rechts falten, sodass die Längskanten aufeinanderliegen und diese Kanten zusammennähen. Das Teil wenden und die offenen Kanten jeweils 0,5 cm breit nach innen umbügeln. An einer Seite die Kanten schon knapp aufeinandersteppen, die Schleife mit etwas Füllwatte füllen und dann auch die andere Seite zunähen.

**7** Die Schleifenmitte mehrmals mit weißem Nähgarn umwickeln, die Fadenenden verknoten. Dann die Schleife von Hand an das linke Koalaohr nähen.

### GRÖSSE

Ø 60 cm

### MATERIAL

- Baumwollstoff in Hellgrau (65 cm x 140 cm), in Schwarz (10 cm x 15 cm), in Rosa mit lilafarbenen Glitzerpunkten ( 15 cm x 25 cm) und in Grau mit pinkfarbenen Herzen (10 cm x 30 cm)
- Filz in Weiß, 20 cm x 25 cm
- Flexfolie in Schwarz (10 cm x 15 cm) und in Hellrosa (10 cm x 15 cm)
- Glitzerfolie in Silber, 10 cm x 10 cm
- Volumenvlies H 630, 15 cm x 25 cm
- Vliesofix, 10 cm x 15 cm
- Füllwatte, 855 g
- Reißverschluss und Stoff für das Inlett siehe Seite 82

### SCHNITTMUSTERBOGEN

1A, 1B und 2A

- Die Vorlagen zum Plotten stehen in der Digitalen Bibliothek zur Verfügung, siehe Seite 81.

# Bea Bambus

bärenstarker Koala

# Henri Hänger

gemütliches Faultier

**1** Die Kissenvorderseite (1x im Stoffbruch) und die Teile für die Rückseite, siehe Kissenvarianten Seite 83 ff., aus Fleece, das Gesicht (1x) aus dem Stoff in Beige zuschneiden.
Die Blume (1x) auf ein Stück Vliesofix für den Punktestoff in Pink aufzeichnen ebenso die Fellzeichnung (2x gegengleich) für den hellbraunen Stoff und die Blumenmitte 1x), das Blatt (1x) und die Nasenspitze (1x) jeweils einzeln auf Vliesofix aufzeichnen. Die Vliesofixteile auf die linken Seiten der entsprechenden Stoffe bügeln, siehe Modellbild und »Applizieren« auf Seite 80. Dann alle Teile exakt ausschneiden.

**2** Das Gesicht auf die Vorderseite stecken und mit passendem Nähgarn und einem Zickzackstich aufnähen. Dann die Fellzeichnungen, Nasenspitze und das Blatt, wie auf der Legeskizze auf Seite 86 und dem Steppfoto zu sehen, aufbügeln. Auch diese Teile mit passendem Nähgarn und einem Zickzackstich aufnähen.

**3** Die Blume auf den Stickfilz bügeln und rundum knappkantig mit einer Geradstichnaht festnähen. Dann die Blume mit einer kleinen Schere ausschneiden, sodass rundum jeweils noch 3 mm Stickfilz zu sehen sind.
Die Blumenmitte auf die Blume bügeln. Die Blume mit Stecknadeln seitlich über den Blättern fixieren und die Blumenmitte mit Zickzackstichen festnähen.

**4** Die Augen, Mund und Wangen aus Flexfolie ausschneiden oder plotten und nach Herstellerangaben aufbügeln oder aufpressen.

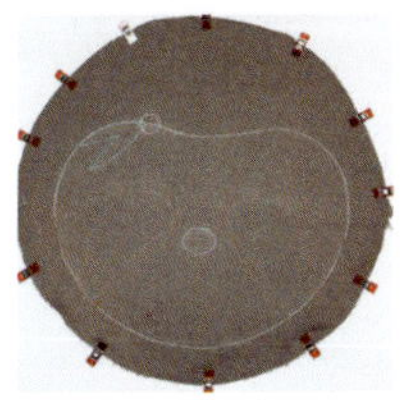

**5** Das Kissen mit dem gewünschten Verschluss, siehe Seite 83 ff., fertigstellen. Je nach Verschluss das Inlett nähen, siehe Seite 85, und in das Kissen stecken.

### GRÖSSE

Ø 40 cm

### MATERIAL

- Baumwollfleece in Hellbraun, 50 cm x 85 cm
- Baumwollstoff in Beige (25 cm x 35 cm), in Hellbraun (15 cm x 25 cm), in Pink mit Punkten (15 cm x 15 cm) und Reste in Hellgrau, Grün mit weißen Punkten und Rosa-Weiß kariert
- Stickfilz in Weiß, 15 cm x 15 cm
- Flexfolie in Schwarz (10 cm x 10 cm) und in Pink (5 cm x 10 cm)
- Vliesofix, 15 cm x 35 cm
- Füllwatte, 285 g
- Reißverschluss und Stoff für das Inlett siehe Seite 82

### SCHNITTMUSTERBOGEN

1A, 1B, 2A und 2B

- Die Vorlagen zum Plotten stehen in der Digitalen Bibliothek zur Verfügung, siehe Seite 81.

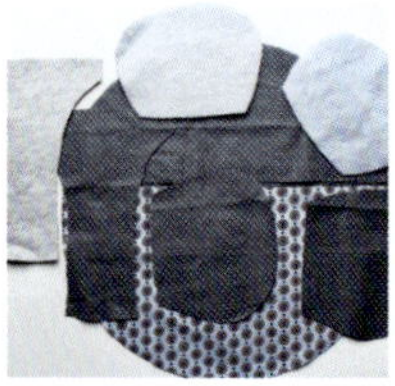

**1** Obere Kissenvorderseite (1x) und die Teile für die Rückseite, siehe Kissenvarianten Seite 83 ff., den Rüssel (2x) und die Ohren (2x) aus dem Punktestoff und die untere Vorderseite (1x) aus dem Stoff mit Kreisen zuschneiden. Das Volumenvlies auf die linken Seiten des Streifenstoffs und eines Rüsselteils bügeln. Aus dem Streifenstoff ebenfalls die Ohren (2x) zuschneiden.

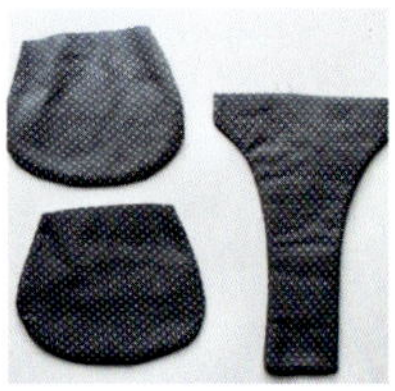

**2** Jeweils ein gestreiftes und ein gepunktetes Ohrteil sowie die beiden Rüsselteile rechts auf rechts passend aufeinanderstecken und rundum füßchenbreit zusammennähen, der untere Rand bleibt jeweils offen. Die Nahtzugaben an allen Rundungen in kleinen Abständen bis dicht an die Naht einschneiden, die Nahtzugaben an den Spitzen etwas zurückschneiden. Dann die Ohren und den Rüssel wenden und bügeln. Die offenen Kanten jeweils mit Stecknadeln fixieren und knappkantig zusammennähen.

**3** Den Rüssel rechts auf rechts mittig an die obere Kante der unteren Vorderseite stecken und knappkantig annähen. Obere und untere Vorderseite mit dem Rüssel dazwischen rechts auf rechts aneinandernähen.

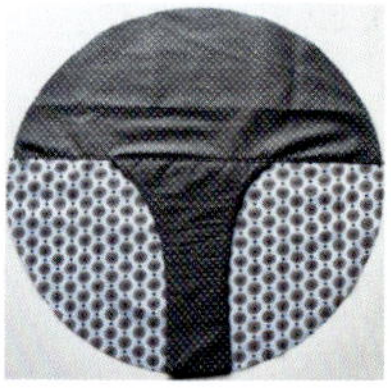

**4** Die obere Vorderseite nach oben umklappen, bügeln und die Naht knappkantig absteppen.

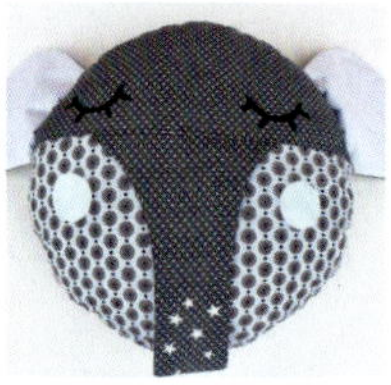

**5** Augen, Wangen und Sterne aus Flexfolie ausschneiden oder plotten, dann nach Herstellerangaben aufbügeln oder aufpressen.
Die Ohren rechts auf rechts auf die Vorderseite stecken, sodass die offenen Stoffkanten aufeinanderliegen und die Ohren zur Kissenmitte zeigen, und knappkantig annähen.
Das Kissen mit dem gewünschten Verschluss, siehe Seite 83 ff., fertigstellen. Je nach Verschluss das Inlett nähen, siehe Seite 85, und in das Kissen stecken.

### GRÖSSE

Ø 40 cm

### MATERIAL

- Baumwollstoff in Grau mit hell-blauen Punkten (45 cm x 100 cm), in Hellblau mit Kreisen (25 cm x 45 cm) und in Hellblau mit weißen Streifen (20 cm x 30 cm)
- Flexfolie in Schwarz (10 cm x 10 cm) und in Hellblau (10 cm x 12 cm)
- Volumenvlies H 630, 20 cm x 55 cm
- Füllwatte, 285 g
- Reißverschluss und Stoff für das Inlett siehe Seite 82

### SCHNITTMUSTERBOGEN

1A, 1B, 2A und 2B

- Die Vorlagen zum Plotten stehen in der Digitalen Bibliothek zur Verfügung, siehe Seite 81.

# Daniel Dick

elefantenstarker Kuschelkumpel

**1** Die Kissenvorderseite (1x im Stoffbruch), die Teile für die Rückseite, siehe Kissenvarianten Seite 83 ff., und die Ohren (4x) aus dem hellbraunen Frotteestoff zuschneiden ebenso die Schnauze (1x) aus weißem Stickfilz. Auf die linke Seite des karierten Stoffs das Volumenvlies aufbügeln und die Innenohren (2x) daraus zuschneiden. Die Augen (2x), die Nase (1x) und den Mund (1x) auf ein Stück Vliesofix für den schwarzen Stoff aufzeichnen ebenso Pupillen (2x) für den Stickfilz und die Wangen (2x) für den Stoff in Rosa aufzeichnen. Die Vliesofixteile auf die Rückseiten der entsprechenden Stoffe bügeln, dann alle Teile exakt ausschneiden.

**2** Die Innenohren mittig und am unteren Rand bündig auf zwei Ohrteile aus Frotteestoff stecken und mit farblich passendem Nähgarn und einem Zickzackstich aufnähen.

**3** Jeweils ein Ohrteil mit und eins ohne Innenohr rechts auf rechts passend aufeinanderstecken und rundum füßchenbreit zusammennähen, der untere Rand bleibt jeweils offen. Die Nahtzugaben an allen Rundungen in kleinen Abständen bis dicht an die Naht einschneiden, die Nahtzugaben an den Spitzen etwas zurückschneiden. Dann die Ohren wenden, bügeln und mit etwas Füllwatte ausstopfen. Die unteren, offenen Kanten aufeinanderstecken und knappkantig zunähen.

**4** Die Schnauze, wie auf der Legeskizze auf Seite 89 und dem Steppfoto zu sehen, auf das Vorderteil stecken und mit passendem Nähgarn und einem Geradstich rundum aufnähen.

**5** Augen, Pupillen, Nase, Wangen und Mund auf das vordere Kissenteil bügeln, siehe auch »Applizieren« auf Seite 80, und mit passendem Nähgarn und einem Zickzackstich annähen.

**6** Die Ohren, wie auf dem Steppfoto zu sehen, rechts auf rechts an die Vorderseite stecken und knappkantig annähen.

**7** Das Kissen mit dem gewünschten Verschluss, siehe Seite 83 ff., fertigstellen. Je nach Verschluss das Inlett nähen, siehe Seite 85, und in das Kissen stecken.

### GRÖSSE

Ø 40 cm

### MATERIAL

- Frotteestoff in Hellbraun, 60 cm x 80 cm
- Baumwollstoff in Schwarz (10 cm x 20 cm), in Rosa (5 cm x 10 cm) und in Hellblau-Weiß kariert (10 cm x 20 cm)
- Stickfilz in Weiß, 20 cm x 25 cm
- Vliesofix, 10 cm x 25 cm
- Volumenvlies H 630, 10 cm x 20 cm
- Füllwatte, 285 g
- Reißverschluss und Stoff für das Inlett siehe Seite 82

### SCHNITTMUSTERBOGEN

1A, 1B und 2A

# Theo Teddy

klassischer Schmusebär

# Rio Riesig

großer Kuschelwal

**1** Die Kissenvorderseite (1x im Stoffbruch) und die Teile für die Rückseite, siehe Kissenvarianten Seite 83 ff., aus dem hellblauen Stoff, die Bauchflosse (2x) aus dem gestreiften Stoff in Rot, die Schwanzflosse (2x) aus dem roten Punktestoff, den Bauch (1x) aus dem blauen Punktestoff zuschneiden.

**2** Den Bauch auf die Vorderseite stecken und mit passendem Nähgarn und einem Zickzackstich aufnähen. Die beiden Flossenteile jeweils rechts auf rechts passend aufeinanderstecken und rundum füßchenbreit zusammennähen, der untere Rand bleibt jeweils offen. Die Nahtzugaben an allen Rundungen in kleinen Abständen bis dicht an die Naht einschneiden, die Nahtzugaben an den Spitzen etwas zurückschneiden und an den Ecken bis dicht an die Naht einschneiden. Dann die Flossen wenden, bügeln und mit etwas Füllwatte ausstopfen. Anschließend die offenen Kanten jeweils mit Stecknadeln fixieren und knappkantig zusammennähen.

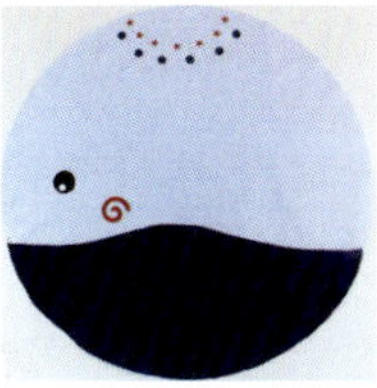

**3** Das Auge, die Pupille, die Spirale als Wange und Kreise und Sterne aus Flexfolie ausschneiden oder plotten, dann nach Herstellerangaben und, wie auf der Legeskizze auf Seite 89 und dem Steppfoto zu sehen, aufbügeln oder aufpressen.

**4** Den Jersey in Richtung des Maschenlaufs in 3 cm breite Streifen schneiden. Die Streifen etwas langziehen und an einer Seite einen Knoten anbringen.
Die Bauchflosse, wie auf dem Steppfoto zu sehen, rechts auf rechts auf die Vorderseite stecken und knappkantig annähen, dann die Zackenlitze über der oberen Bauchkante annähen. Danach die Schwanzflosse ebenfalls rechts auf rechts und die Jerseystreifen in der oberen Mitte auf die Vorderseite stecken und knappkantig annähen.

**5** Das Kissen mit dem gewünschten Verschluss, siehe Seite 83 ff., fertigstellen. Je nach Verschluss das Inlett nähen, siehe Seite 85, und in das Kissen stecken.

### GRÖSSE

Ø 60 cm

### MATERIAL

- Baumwollstoff in Hellblau mit Streifen (65 cm x 125 cm), in Blau mit Punkten (30 cm x 65 cm), in Rot-Weiß mit Streifen (25 cm x 25 cm) und in Rot mit weißen Punkten (25 cm x 50 cm)
- Jersey in Dunkelblau, 10 cm x 20 cm (lange Kante in Richtung des Maschenlaufs)
- Zackenlitze in Weiß, 1 cm breit, 65 cm lang
- Flexfolie in Schwarz (5 cm x 10 cm), in Rot (10 cm x 20 cm), in Dunkeltürkis (5 cm x 5 cm) und Rest in Weiß
- Füllwatte, 855 g
- Reißverschluss und Stoff für das Inlett siehe Seite 82

### SCHNITTMUSTERBOGEN

1A, 1B und 2B

- Die Vorlagen zum Plotten stehen in der Digitalen Bibliothek zur Verfügung, siehe Seite 81.

**1** Die Kissenvorderseite (1x im Stoffbruch), die Teile für die Rückseite, siehe Kissenvarianten Seite 83 ff., und die Ohren (4x) aus Fleece zuschneiden. Die Innenohren (2x) auf ein Stück Vliesofix für den Sternchenstoff aufzeichnen ebenso die Wange (2x) für den Stoff in Rosa, die Schnauze (1x) für den grauen Stoff sowie die Augen (2x) und die Nasenspitze (1x) für den schwarzen Stoff. Die Vliesofixteile auf die linken Seiten der entsprechenden Stoffe bügeln, siehe auch »Applizieren« auf Seite 80. Dann alle Teile exakt ausschneiden.

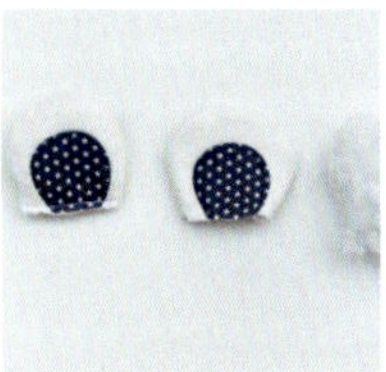

**2** Die Innenohren mittig und am unteren Rand bündig auf die rechte Seite von zwei Ohrteilen aus Fleece bügeln und mit farblich passendem Nähgarn und einem Zickzackstich aufnähen. Jeweils ein Ohrteil mit und eins ohne Innenohr rechts auf rechts passend aufeinanderstecken und rundum füßchenbreit zusammennähen, der untere Rand bleibt jeweils offen. Die Nahtzugaben an allen Rundungen in kleinen Abständen bis dicht an die Naht einschneiden, die Nahtzugaben an den Spitzen etwas zurückschneiden. Dann die Ohren wenden, bügeln und mit etwas Füllwatte ausstopfen. Die offenen Kanten jeweils aufeinanderstecken und knappkantig zusammennähen.

**3** Die Schnauze auf die Vorderseite stecken und mit farblich passendem Garn und einem Zickzackstich rundum festnähen. Dann Augen, Wangen und Nasenspitze aufbügeln. Alle Teile ebenfalls mit passendem Nähgarn und einem Zickzackstich aufnähen. Den Mund aus Flexfolie ausschneiden oder plotten, dann nach Herstellerangaben aufbügeln oder aufpressen. Die Ohren, wie auf dem Steppfoto zu sehen, rechts auf rechts auf die Vorderseite stecken und knappkantig annähen.

**4** Das Kissen mit dem gewünschten Verschluss, siehe Seite 83 ff., fertigstellen. Je nach Verschluss das Inlett nähen, siehe Seite 85, und in das Kissen stecken.

### GRÖSSE

Ø 20 cm

### MATERIAL

- Baumwollfleece in Ecru, 35 cm x 45 cm
- Baumwollstoff in Grau (10 cm x 10 cm), in Schwarz (5 cm x 10 cm), in Grau mit weißen Sternen (5 cm x 10 cm) und in Rosa (5 cm x 10 cm)
- Flexfolie in Schwarz, 5 cm x 5 cm
- Vliesofix, 10 cm x 20 cm
- Füllwatte, 60 g
- Reißverschluss und Stoff für das Inlett siehe Seite 82

### SCHNITTMUSTERBOGEN

1A, 1B und 2A

- Die Vorlagen zum Plotten stehen in der Digitalen Bibliothek zur Verfügung, siehe Seite 81.

# Franzi Frost

Schmuse-Eisbär

# walter watschel

tollpatschiger Pinguin

**1** Die Kissenvorderseite (1x im Stoffbruch) und die Teile für die Rückseite, siehe Kissenvarianten Seite 83 ff., aus dem schwarzen Stoff zuschneiden. Das Gesicht (1x) auf ein Stück Vliesofix für den Fleece aufzeichnen ebenso die Wange (2x) für den Stoff in Rosa, die Augen (2x) für den schwarzen Stoff und die Nase (1x) für den Teddy. Die Vliesofixteile auf die linken Seiten der entsprechenden Stoffe bügeln, siehe auch »Applizieren« auf Seite 80. Dann alle Teile exakt ausschneiden.

**2** Das Gesicht auf die Kissenvorderseite bügeln und mit passendem Nähgarn und einem Zickzackstich aufnähen. Ebenso die Augen, Mund und Wangen aufbügeln und mit einem Zickzackstich fixieren.

**3** Kissenvorder- und Rückseite mit dem gewünschten Verschluss, siehe Seite 83 ff., zusammennähen.

**4** Dann das Kissen wenden und bügeln. Aus dem Schleifenband eine Schleife binden und von Hand, wie auf dem Steppfoto zu sehen, annähen. Das Inlett nähen, siehe Seite 85, und in das Kissen stecken, evtl. die Wendeöffnung schließen.

## GRÖSSE

Ø 20 cm

## MATERIAL

- Baumwollstoff in Schwarz (25 x 45 cm) und in Rosa (5 cm x 10 cm)
- Baumwollfleece in Ecru, 15 cm x 20 cm
- Baumwollteddy in Ocker, 5 cm x 5 cm
- Schleifenband in Rosa-Weiß kariert, 1 cm breit, 20 cm
- Vliesofix, 15 cm x 25 cm
- Füllwatte, 60 g
- Reißverschluss und Stoff für das Inlett siehe Seite 82

## SCHNITTMUSTERBOGEN

1A, 1B und 2A

**1** Die Kissenvorderseite (1x im Stoffbruch), die Teile für die Rückseite, siehe Kissenvarianten Seite 83 ff., und die Ohren (4x) aus dem hellgrünen Stoff, die Hörner (4x) aus dem gelben Baumwollstoff zuschneiden. Das Volumenvlies auf die linke Seite des Punktestoffs bügeln und daraus die Schnauze (1x) zuschneiden.

**2** Die Innenohren (2x) auf ein Stück Vliesofix für den gestreiften Stoff aufzeichnen ebenso die Augen (2x), Mund (1x), Augenbrauen (2x) und Nasenlöcher (2x) für den schwarzen Stoff sowie die Pupille (2x) für den Stickfilz. Die Vliesofixteile auf die linken Seiten der entsprechenden Stoffe bügeln, siehe auch »Applizieren« auf Seite 80. Dann alle Teile exakt ausschneiden.
Die Innenohren mittig und am unteren Rand bündig auf die rechte Seite von zwei Ohrteilen aus Fleece bügeln. Mit farblich passendem Nähgarn und einem Zickzackstich aufnähen.

**3** Jeweils ein Ohrteil mit und eins ohne Innenohr rechts auf rechts passend aufeinanderlegen und mit Stecknadeln fixieren. Rundum füßchenbreit zusammennähen, die unteren Ränder offen lassen. Die Hörner genauso rechts auf rechts zusammennähen. Die Nahtzugaben an allen Rundungen in kleinen Abständen bis dicht an die Naht einschneiden, die Nahtzugaben an den Spitzen etwas zurückschneiden.

**4** Ohren und Hörner wenden, bügeln und mit etwas Füllwatte ausstopfen. Die unteren, noch offenen Ränder zusammenstecken und knappkantig zunähen.

**5** Zuerst die Schnauze auf der Vorderseite mit Stecknadeln fixieren und mit passendem Nähgarn und einem Zickzackstich annähen.

**6** Dann alle anderen Teile für das Gesicht aufbügeln und mit farblich passendem Nähgarn und einem Zickzackstich annähen. Die Ohren und Hörner, wie auf dem Steppfoto zu sehen, rechts auf rechts auf der Vorderseite mit Stecknadeln fixieren und knappkantig annähen.

**7** Das Kissen mit dem gewünschten Verschluss, siehe Seite 83 ff., fertigstellen. Je nach Verschluss das Inlett nähen, siehe Seite 85, und in das Kissen stecken.

### GRÖSSE

Ø 60 cm

### MATERIAL

- Fleecestoff in Hellgrün, 90 cm x 125 cm
- Baumwollstoff in Schwarz (10 cm x 25 cm), in Gelb (20 cm x 50 cm), in Rot-Weiß gestreift (10 cm x 20 cm) und in Hellgrün mit grünen Punkten (35 cm x 55 cm)
- Rest Stickfilz in Weiß
- Vliesofix, 25 cm x 30 cm
- Volumenvlies H 630, 35 cm x 55 cm
- Füllwatte, 855 g
- Reißverschluss und Stoff für das Inlett siehe Seite 82

### SCHNITTMUSTERBOGEN

1A, 1B und 2A

# wanja wirbelwind

fantastischer Drache

**1** Die Kissenvorderseite (1x im Stoffbruch), die Teile für die Rückseite, siehe Kissenvarianten Seite 83 ff., und die Ohren (4x) aus dem Punktestoff in Rosa, das Horn (2x) aus Kunstleder zuschneiden.

Die Innenohren (2x) auf ein Stück Vliesofix für den Plüsch aufzeichnen ebenso die Schnauze (1x) für den grauen Stoff. Die Vliesofixteile auf die linken Seiten der entsprechenden Stoffe bügeln, siehe auch »Applizieren« auf Seite 80.. Dann alle Teile exakt ausschneiden.

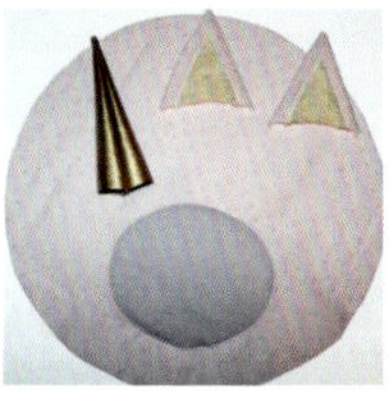

**2** Die Innenohren mittig und am unteren Rand bündig auf die rechte Seite von zwei Ohrteilen bügeln und mit farblich passendem Nähgarn und einem Zickzackstich aufnähen. Jeweils ein Ohrteil mit und eins ohne Innenohr sowie die beiden Hornteile rechts auf rechts passend aufeinanderstecken und rundum füßchenbreit zusammennähen, der untere Rand bleibt jeweils offen. Die Nahtzugaben an den Spitzen etwas zurückschneiden. Dann die Ohren und das Horn wenden und bügeln. Die offenen Kanten jeweils aufeinanderstecken und knappkantig zusammennähen. Die Schnauze auf die Vorderseite stecken und mit passendem Nähgarn und einem Zickzackstich aufnähen.

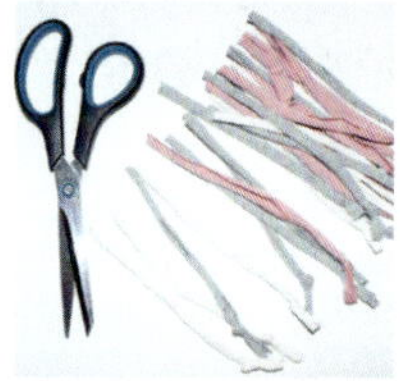

**3** Die Jerseystoffe in Richtung des Maschenlaufs in 1,5 cm breite Streifen schneiden. Einige Streifen etwas kürzen, sodass alle zwischen 10 cm und 15 cm lang sind. Die Streifen etwas langziehen und jeweils an einer Seite einen Knoten anbringen.

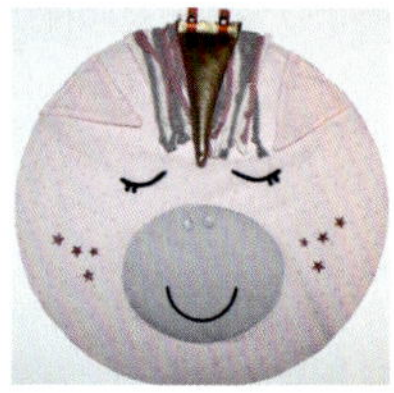

**4** Die Augen, Nasenlöcher, Mund und Sterne ausschneiden oder plotten, dann nach Herstellerangaben aufbügeln oder aufpressen.
Das Horn, die Ohren und die Jerseystreifen für die Mähne, wie auf dem Steppfoto zu sehen, rechts auf rechts auf die Vorderseite stecken und knappkantig annähen.

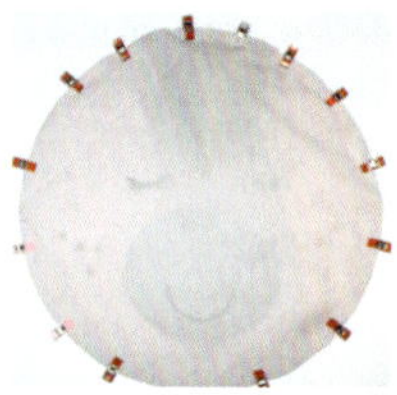

**5** Das Kissen mit dem gewünschten Verschluss, siehe Seite 83 ff., fertigstellen. Je nach Verschluss das Inlett nähen, siehe Seite 85, und in das Kissen stecken.

### GRÖSSE

Ø 40 cm

### MATERIAL

- Baumwollstoff in Rosa mit grauen Punkten (50 cm x 85 cm) und in Hellgrau (20 cm x 20 cm)
- Rest Bio-Bauwollplüsch in Weiß, 10 cm x 15 cm
- Kunstleder in Gold, 20 cm x 20 cm
- Jersey in Hellgrau, Weiß und Rosa, je 15 cm x 15 cm
- Flexfolie in Schwarz (10 cm x 15 cm) und Rest in Grau
- Glitzerfolie in Rosa, 10 cm x 15 cm
- Vliesofix, 25 cm x 20 cm
- Füllwatte, 285 g
- Reißverschluss und Stoff für das Inlett siehe Seite 82

### SCHNITTMUSTERBOGEN

1A, 1B und 2A

- Die Vorlagen zum Plotten stehen in der Digitalen Bibliothek zur Verfügung, siehe Seite 81.

# Ria Regenbogen

märchenhaftes Einhorn

# DAS BRAUCHEN SIE

## Stoffe

Für die Modelle in diesem Buch habe ich vorwiegend gewebte Baumwollstoffe und Fleecestoffe verwendet. Sie lassen sich gut verarbeiten und eignen sich auch für Nähanfänger. Stoffe aus Naturfasern – also Baumwollstoffe – können beim Waschen einlaufen. Deshalb ist es empfehlenswert, besonders bei Nähprojekten, die Sie später waschen, alle Stoffe vor der Verarbeitung nach Pflegeanleitung vorzuwaschen. Besonders dunklere Stoffe und Stoffe mit Rottönen können ausfärben. Waschen Sie sie deshalb einzeln und nie mit hellen Stoffen zusammen. Nach dem Trocknen sollten Sie alle Stoffe gut bügeln, damit sich beim Zuschnitt keine Fehler einschleichen.

## Nähgarn

Für die Nähprojekte in diesem Buch wurden Nähgarne aus Polyester in verschiedenen Farben verwendet. Achten Sie bei der Auswahl der Nähgarne darauf, dass Sie eine gute Qualität kaufen. Manche sehr günstigen Nähgarne lassen sich nicht gut verarbeiten, die Nähte werden unsauber und es bilden sich Knötchen und Schlaufen. Außer-dem kann der Nähfaden während des Arbeitens leichter reißen.

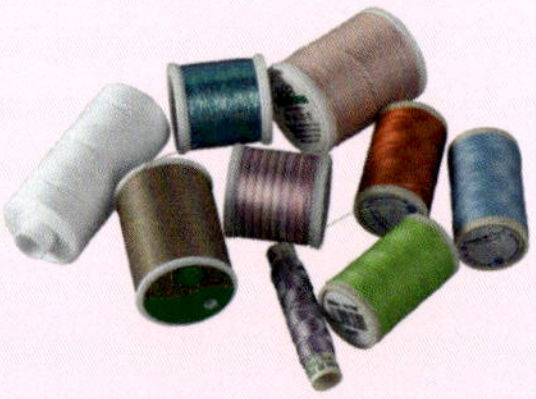

## Scheren

Verwenden Sie zum Zuschneiden der Stoffe eine Stoffschere. Durch ihre meist asymmetrische Form gelingen exakte Zuschnitte, da der Stoff sehr flach auf der Unterlage aufliegt und sich beim Zuschneiden nur wenig anhebt. Zum Zuschneiden von Schnittmustern oder Schablonen können Sie eine einfache Papierschere verwenden, bitte nicht die Stoffschere, denn durch das Schneiden von Papier wird sie stumpf. Um kleine Fäden abzuschneiden oder Nahtzugaben einzuschneiden, ist eine kleine Stickschere praktisch.

## Nadeln

### Stecknadeln und Stoffklammern

Um Stoffteile aneinander zu fixieren, benötigen Sie Stecknadeln oder Stoffklammern. Stecknadeln gibt es in unterschiedlichen Längen und mit unterschiedlichen Köpfen, z. B. aus Metall, Plastik und Glas. Achten Sie auch hier auf eine gute Qualität der Nadeln. Die Spitzen sollten gut verarbeitet sein, damit der Stoff nicht beschädigt wird. Plastikköpfe von Stecknadeln können beim Bügeln eventuell schmelzen.

## Markierungshilfen

Mit Sublimatstiften oder Schneiderkreide können Sie die Umrisse Ihrer Schnittmuster und alle Markierungen auf die Stoffe zeichnen.

### Sublimatstifte

Bei Verwendung von Sublimatstiften sieht man die Markierungen auf den Stoffen nach einiger Zeit nicht mehr, sie verschwinden von selbst. Sind noch Reste vorhanden, können diese leicht mit einem feuchten Tuch entfernt werden. Sublimatstifte gibt es für helle und für dunkle Stoffe. Probieren Sie vor der Verwendung aber auf jeden Fall an einem Probestück aus, ob sich die Linien auswaschen lassen. Es gibt einige, wenige Stoffe, bei denen dies nicht der Fall ist.

### Schneiderkreide

Schneiderkreide gibt es als Stifte in verschiedenen Farben, als Stück oder als Kreiderädchen. Die angezeichneten Markierungen lassen sich nach dem Auftragen gut wegwischen oder auch ausbürsten.

## Maßbänder und Lineale

Ein flexibles Maßband benötigen Sie, um Ihre Nähprojekte auszumessen. Mit einem Handmaß aus flexiblem Kunststoff können Sie kurze Stoffstücke messen. Es hat auch den Vorteil, dass Sie es biegen und so auch Nähprojekte an schwer zugänglichen Stellen messen können. Zum Ausmessen von geraden, längeren Stücken eignen sich auch Metall- oder Patchworklineale.

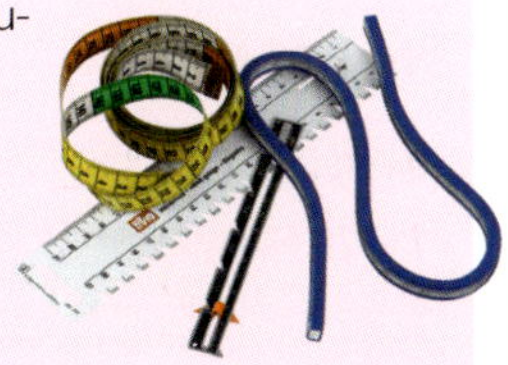

## Einlagen

**Volumenvlies**

Volumenvlies gibt es im Handel in unterschiedlichen Stärken zu kaufen. Bei den Nähprojekten in diesem Buch habe ich Volumenvlies H 630 verwendet. Es wird von der linken Stoffseite gemäß den Herstellerangaben aufgebügelt und verleiht Teilen mehr Volumen.

## Vliesofix

Vliesofix ist eigentlich eine Klebeschicht auf einem Trägerpapier. Es wird in diesem Buch bei fast jedem Modell zum Applizieren der Gesichtsteile verwendet, siehe auch Applizieren Seite 80..

## Weitere Hilfsmittel

**Nahttrenner**

Auch bei großer Sorgfalt können einmal kleine Fehler passieren. Wenn Sie eine falsch genähte Naht auftrennen möchten, ist ein Nahttrenner ein wichtiges Hilfsmittel. Trennen Sie immer vorsichtig, damit der Nahttrenner nicht abrutscht und den Stoff beschädigt. Fadenreste können Sie mit einer Pinzette entfernen.

## Kantenformer

Das spitze Ende des Kantenformers können Sie zum Ausformen von verstürzten Ecken verwenden. Formen Sie die Ecken vorsichtig aus und achten Sie darauf, dass Sie mit der Spitze den Stoff nicht durchstechen. Zum Ausformen von Nahträndern können Sie das abgerundete Ende des Kantenformers verwenden.

## Stylefix

Zum Anbringen von Bändern und Fixieren von Saumumschlägen, Wendeöffnungen und kleinen Applikationen eignet sich Stylefix. Es ist ein schmales, doppelseitiges Klebeband, das das Verrutschen des Stoffes verhindert, und eine Alternative zu Stecknadeln. Es bleibt auch nach dem Waschen weich.

## Nadelkissen

Um Stecknadeln stets griffbereit zu haben, können Sie ein Nadelkissen aus Stoff oder ein Magnetnadelkissen verwenden.

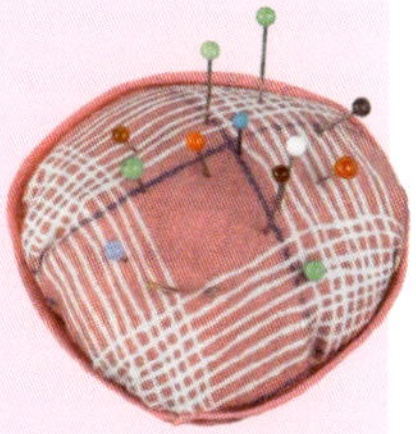

## Füllmaterial

Als Füllmaterial eignet sich Füllwatte aus Polyesterkügelchen, die einfach in der Maschine gewaschen werden kann. Besonders hilfreich ist dies, wenn Sie Kissen ohne herausnehmbares Inlett nähen. Es lohnt sich, hochwertiges Füllmaterial zu verwenden, das nicht »klumpt«.

# SO WIRD'S GEMACHT

## Schnittmuster übertragen

Übertragen Sie alle Vorlagen vom Schnittmusterbogen auf Transparentpapier. Ziehen Sie dazu alle Umrisse mit einem Filz- oder Bleistift nach und schneiden Sie die Schnittmusterteile aus. Möchten Sie stabilere Vorlagen (z. B. für Applikationen) haben, fertigen Sie Schablonen aus Fotokarton. Hierzu kleben Sie die abgezeichneten Teile mit Alleskleber auf den Fotokarton und schneiden anschließend die Umrisse mit einer kleinen, spitzen Schere aus.

## Schnittmusterteile auf den Stoff übertragen

Bügeln Sie den Stoff, sodass er faltenfrei auf der Unterlage liegt. Legen Sie die Schnittteile auf den Stoff und zeichnen Sie die Umrisse und alle Markierungen mit einem Sublimatstift oder Schneiderkreide nach. Achten Sie auf den Fadenlauf bzw. auf Muster im Stoff. Sollten Sie zwei asymmetrische Stoffteile benötigen, falten Sie den Stoff rechts auf rechts. Zeichnen Sie die Motivumrisse auf die obere Stofflage und fixieren Sie beide Stofflagen anschließend mit Nadeln. Dann beide Teile entlang der Linien mit einer Stoffschere ausschneiden. Manche Vorlagen sind im Stoffbruch gezeichnet. Auch hier falten Sie den Stoff und legen die Vorlage mit der Stoffbruchlinie an der Faltung an.

## Einfache Naht

Damit eine genähte Naht nicht wieder aufgehen kann, wird sie am Anfang und Ende mit einigen Rückstichen verriegelt. Dafür betätigen Sie die Rückwärtstaste an der Nähmaschine und nähen einige Stiche zurück, anschließend lösen Sie die Taste wieder. Nähen Sie die Naht mit der angegebenen Nahtzugabe. Stecknadeln können Sie entweder herausziehen oder Sie können auch langsam über die Nadeln nähen. Stoffklammern müssen kurz vor dem Nähfuß entfernt werden. Möchten Sie Ecken nähen, stoppen Sie die Nähmaschine an der Ecke. Stellen Sie den Nähfuß hoch, die Nadel bleibt im Stoff. Drehen Sie das Stoffteil in die neue Richtung, senken Sie die Nähfuß und nähen Sie weiter. Möchten Sie engere Kurven nähen, stellen Sie die Maschine zunächst auf eine kurze Stichlänge. Stoppen Sie die Maschine vor der Kurve. Die Nadel bleibt im Stoff, den Nähfuß stellen Sie hoch. Drehen Sie das Stoffteil so, dass Sie gerade weiternähen können, senken Sie den Nähfuß und bringen Sie einige weitere Stiche an. Wiederholen Sie den Vorgang so lange, bis die Kurve fertig genäht ist.

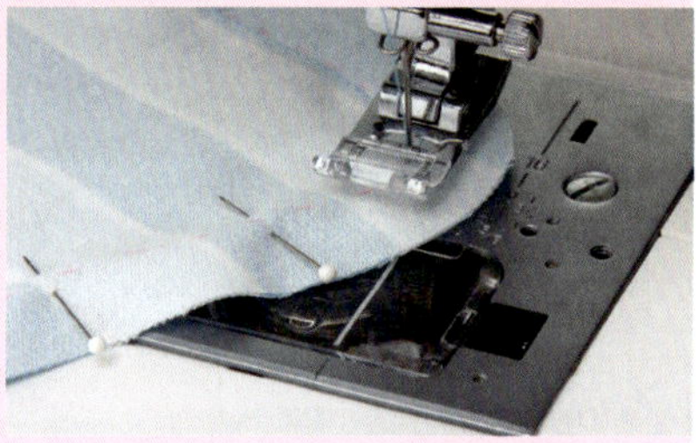

## Applizieren

Legen Sie das Vliesofix über die Vorlage. Da Sie die Teile seitenverkehrt aufzeichnen müssen, sind die Vorlagen für die Applikationen in diesem Buch, falls nötig, bereits gespiegelt. Zeichnen Sie alle Teile, die auf einen Stoff gebügelt werden sollen, dicht nebeneinander auf das Vliesofix. Achten Sie dabei jedoch darauf, dass der Fadenlauf immer in gleicher Richtung läuft.
Schneiden Sie jeweils die Teile für einen Stoff zusammen grob aus und bügeln Sie das Vliesofix mit der rauen Seite auf die linke Seite des entsprechenden Stoffstücks. Beachten Sie auch die Herstellerangaben. Lassen Sie alles gut auskühlen.

Jetzt können Sie das Motiv sorgfältig ausschneiden. Entfernen Sie das Trägerpapier und platzieren Sie das Motiv an der gewünschten Stelle Ihres Nähprojektes auf der rechten Stoffseite, decken es mit einem feuchten Tuch ab und bügeln es auf. Wenn sich mehrere Motivteile überlappen, achten Sie beim Aufbügeln auf die Reihenfolge. Motivteile, die räumlich im Hintergrund sind, werden zuerst aufgebügelt, anschließend die darüberliegenden Stoffteile fixieren. Alle Teile werden anschließend knappkantig mit einem geraden Stich oder einem Zickzackstich aufgenäht.

## Nahtzugaben

5 mm breite Nahtzugaben für die «normalen» Nähte (= füßchenbreit) sowie 1,5 cm breite Nahtzugaben an den Reißverschlusskanten und 6 cm breite Saumzugaben für den Hotelverschluss sind in den Schnittteilen bereits enthalten.

Damit beim Wenden der Nähprojekte alle Stoffteile schön flach liegen und sich keine Wülste oder Wellen bilden, bearbeiten Sie die Nahtzugaben. Schneiden Sie alle Außenecken diagonal bis ca. 2 mm vor der Naht ab. Nahtzugaben an Außenrundungen werden v-förmig, ebenfalls bis 2 mm vor der Naht, eingeschnitten. Innenrundungen werden gerade eingeschnitten. Je enger die Rundung ist, desto mehr gerade Schnitte anbringen.

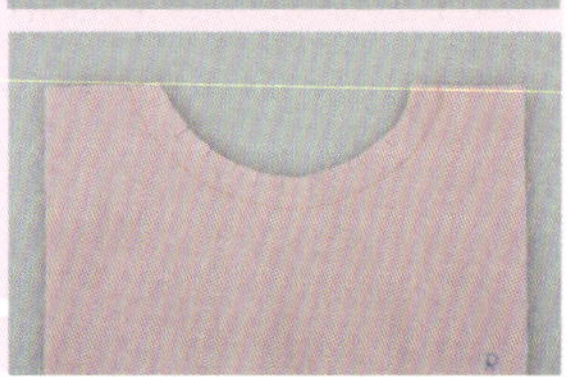

## Wenden von Stoffteilen

Wenden Sie die Stoffteile, das sind hier meist die Ohren, durch die Wendeöffnungen, sodass die rechte Stoffseite außen liegt. Dabei können Sie z. B. einen dünnen Holzstab zu Hilfe nehmen. Formen Sie die Ecken und Nähte nach dem Wenden mit dem Holzstab noch ein wenig nach, dann bügeln Sie Ihr Nähprojekt von der rechten Seite.

## Plottermotive

Bei vielen Kissen können Sie einige Teile der Gesichter plotten. Damit das möglichst einfach geht, gibt es die entsprechenden Dateien dazu in der TOPP Digitalen Bibliothek (Freischaltcode siehe Seite 92). So müssen Sie die Teile nur noch mit einem Hobbyplotter plotten und danach alle nicht benötigten Teile der Folie entfernen (entgittern). Mithilfe eines Bügeleisens oder einer Transferpresse werden die Motivteile dann an der gewünschten Stelle angebracht. Hierzu beachten Sie bitte die jeweiligen Herstellerangaben. Die Folien brauchen nach dem Anbringen etwa 24 Stunden Zeit, um sich mit dem Gewebe optimal zu verbinden. In dieser Zeit sollten die Motive nicht unnötig beansprucht und auf keinen Fall gewaschen werden.

## VERSCHIEDENE KISSENVARIANTEN

Für alle runden Kissen gibt es die Vorlagen jeweils in 3 unterschiedlichen Größen (mit 20 cm, 40 cm und 60 cm ø). Außerdem können die Kissen entweder mit Hotelverschluss, mit Reißverschluss oder mit einer Wendeöffnung, die nach dem Befüllen dauerhaft geschlossen wird, genäht werden.
In der Anleitung ist jeweils der Materialverbrauch für ein Kissen mit Reißverschluss in der Größe angegeben, die Sie auch auf dem Modellbild sehen und die in der Anleitung angegeben ist.
Falls Sie das Kissen in einer anderen Größe bzw. mit einem anderen Verschluss nähen möchten, finden Sie unten in der Tabelle die Angaben für den Stoffverbrauch für Vorder- und Rückseite.

Für die Applikationen, Ohren und Füße etc. reichen meist Stoffreste. Wenn Sie den Verbrauch für Ihre Kissengröße ganz genau wissen möchten, legen Sie die kopierten Schnittmuster jeweils für einen Stoff dicht nebeneinander, so, wie Sie die Schnittmuster auch auf dem doppelt gelegten Stoff platzieren würden. Dadurch erhalten Sie die Größe der Fläche, die Sie 2x brauchen, da die meisten Teile 2x zugeschnitten werden müssen. Falls sie für Ihr Wunschkissen einzelne Teile 4x zuschneiden müssen, geben Sie die entsprechende Menge noch dazu.

Für das Kissen mit Reißverschluss und mit Hotelverschluss brauchen Sie jeweils auch das passende Inlett. Das Kissen mit Wendeöffnung kommt ohne Inlett aus.

### Materialverbrauch für Kissenvorder- und Rückseite bzw. Inlett

| Kissengröße | Reißverschluss | Hotelverschluss | Inlett | Wendeöffnung |
|---|---|---|---|---|
| 60 cm ø | 70 cm x 125 cm Stoff, Endlosreißverschluss mit Zipper, 60 cm | 80 cm x 125 cm Stoff | 65 cm x 125 cm Stoff, 855 g Füllwatte | 65 cm x 125 cm Stoff, 855 g Füllwatte |
| 40 cm ø | 50 cm x 85 cm Endlosreißverschluss mit Zipper, 40 cm | 60 cm x 85 cm Stoff | 45 cm x 85 cm Stoff, 285 g Füllwatte | 45 cm x 85 cm Stoff, 285 g Füllwatte |
| 20 cm ø | 30 cm x 45 cm Endlosreißverschluss mit Zipper, 20 cm | 40 cm x 45 cm Stoff | 25 cm x 45 cm Stoff, 60 g Füllwatte | 25 cm x 45 cm Stoff, 60 g Füllwatte |

## Kissen mit Hotelverschluss

Für dieses Kissen brauchen Sie den links in der Tabelle angegebenen Stoff für das Inlett. Wie Sie das Inlett nähen, steht auf Seite 85.

**1** Die Kissenrückseite (Schnittbogen 1B) bis zur Schnittkante Hotelverschluss 2x zuschneiden.

**2** Die geraden Seiten 2x je 1,5 cm breit nach links umbügeln. Anschließend die Umschläge knappkantig oder füßchenbreit absteppen.

**3** Die Rückseitenteile mit der rechten Seite nach unten so weit übereinanderlegen, dass sie in der Mitte überlappen und insgesamt der Größe der Vorderseite entsprechen. Die Teile so aufeinanderstecken.

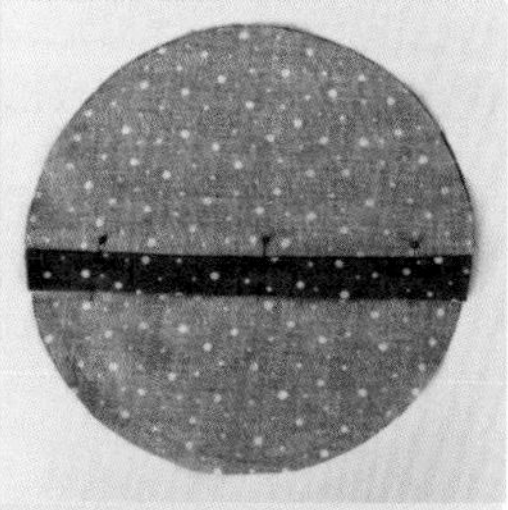

**4** Vorder- und Rückseite des Kissens rechts auf rechts aufeinanderstecken und das Kissen rundum zusammennähen. Die Stecknadeln entfernen, die Nahtzugaben mit einem Zickzackstich versäubern und das Kissen durch den Hotelverschluss wenden.

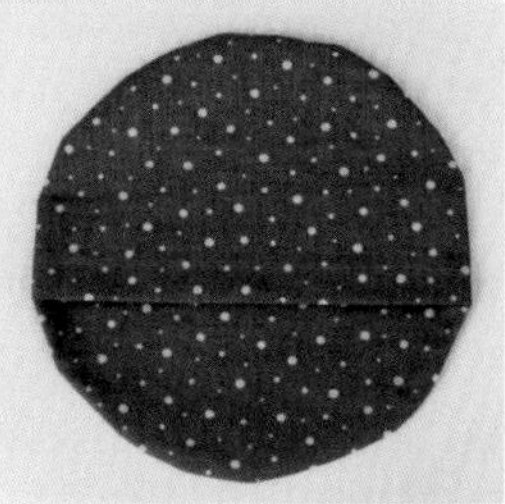

## Kissen mit Reißverschluss

Für dieses Kissen brauchen Sie den links in der Tabelle angegebenen Stoff für das Inlett und den Reißverschluss. Wie Sie das Inlett nähen, steht auf Seite 85.

**1** Endlosreißverschluss vorbereiten: Die Länge vom Reißverschluss entspricht dem Kissendurchmesser. Zunächst den Zipper auf den Reißverschluss auffädeln. Dafür den Reißverschluss an einem Ende etwas auseinanderziehen und auf der rechten Bandseite am Reißverschlussende ein Dreieck herausschneiden, sodass auf dieser Seite die Reißverschlusszähnchen ca. 1 cm weit abgeschnitten werden.

**2** Den Zipper mit der runden Seite nach oben zuerst auf die linke Bandseite auffädeln und bis zu der Stelle ziehen, an der auch auf der anderen Seite die Zähnchen beginnen. Dann auch die rechte Bandseite in den Zipper einfädeln.

**3** Die Reißverschlussenden mit Daumen und Zeigefinger gut festhalten und den Zipper bis ca. zur Reißverschlussmitte ziehen. Dann die Reißverschlussenden gerade abschneiden und dabei den Reißverschluss so kürzen, dass er ca. 4 cm kürzer als der Kissendurchmesser ist.

**4** Mit dem Sublimatstift zwei Markierungen jeweils 1,5 cm von den Enden entfernt auf dem Reißverschluss anbringen. An diesen Markierungen mit einem engen Zickzackstich die Reißverschlusszähnchen verriegeln.

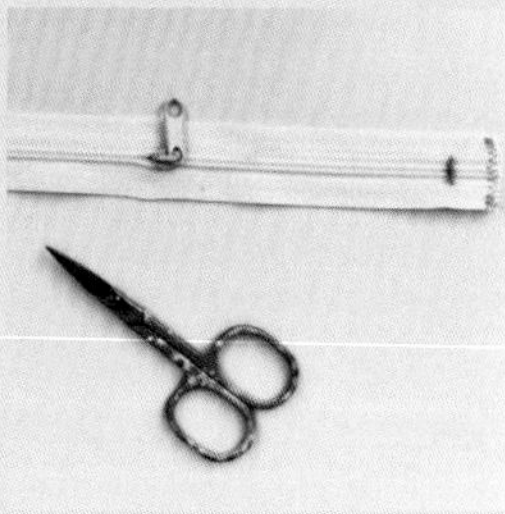

Hierbei muss die Nadel immer rechts und links neben den Zähnchen in den Stoff stechen. Die seitlichen Enden des Reißverschlusses mit einem Zickzackstich versäubern.

**5** Die Kissenrückseite (Schnittbogen 1B) bis zur Schnittkante Reißverschluss 2x zuschneiden. Die geraden Kanten mit einem Zickzackstich oder mit der Overlock versäubern.

**6** Die Rückseitenteile rechts auf rechts aufeinanderlegen. Die Nahtlinie mit 1,5 cm Abstand zur geraden Kante mit einem Sublimatstift aufzeichnen. An beiden Seiten jeweils ab dem Rand 3 cm der Naht abmessen und hier ebenfalls eine Markierung anbringen. Dann die Kanten zusammenstecken.

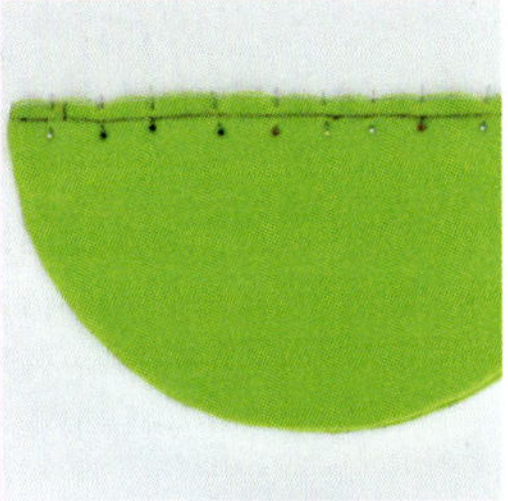

**7** Zunächst vom Rand bis zur ersten 3 cm-Markierung mit einem Geradstich und einer Stichlänge von 2,5 nähen, Anfang und Ende dieser Naht verriegeln. Dann mit der größten Stichlänge auf der angezeichneten Linie bis zur nächsten Markierung nähen. Dort die Stichlänge wieder auf 2,5 stellen, verriegeln und bis zum Rand nähen, wieder verriegeln und die Nahtzugaben auseinanderbügeln.

**8** Dann den Reißverschluss auf die linke Seite der Rückseite und mit den Zähnchen zum Stoff genau mittig auf die Naht legen und mit einigen Stecknadeln fixieren.

Die Kissenrückseite drehen und nun den Reißverschluss von der rechten Seite feststecken. Am Reißverschlussanfang und -ende jeweils eine Markierungsnadel quer stecken. Die Stecknadeln auf der linken Seite entfernen, da sie beim Nähen stören. Den Reißverschluss etwas öffnen.

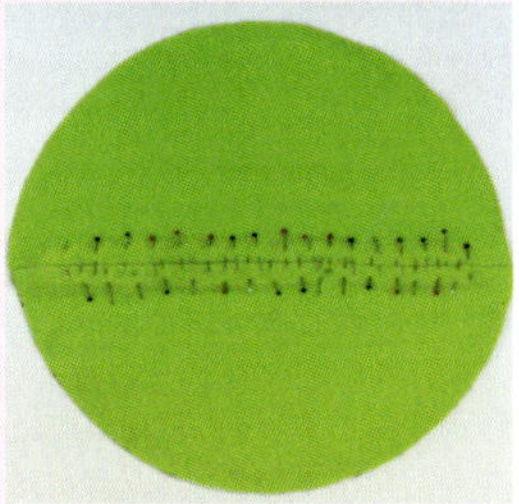

**9** Den Reißverschluss mit einem Reißverschlussfüßchen einnähen, der Abstand zur Mittelnaht sollte dabei etwa 1 cm groß sein. Am Reißverschlussende (= Markierungsnadel) die Nadel im Stoff stecken lassen, den Nähfuß anheben und den Stoff drehen. Die kurze Seite nähen, dann den Stoff wieder drehen und auch die zweite Seite nähen. So den Reißverschluss rundum einnähen. Mit einem Nahttrenner den Stoff in der Mitte in dem Bereich auftrennen, der mit den großen Geradstichen genäht wurde.

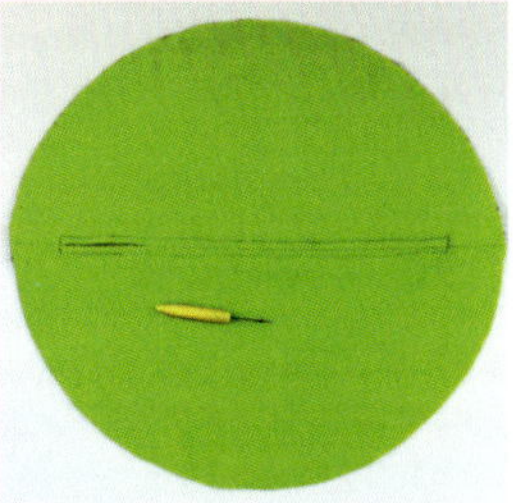

**10** Vorder- und Rückseite des Kissens rechts auf rechts aufeinanderstecken und das Kissen rundum zusammennähen. Die Stecknadeln entfernen, die Nahtzugaben mit einem Zickzackstich versäubern und das Kissen durch den Reißverschluss wenden.

## Kissen mit Wendeöffnung

**1** Die Kissenrückseite (Schnittbogen 1B) 1x im Stoffbruch zuschneiden und dabei eine etwa 8 cm große Wendeöffnung auf der Kreislinie einzeichnen.

**2** Kissenvorder- und Rückseite rechts auf rechts aufeinanderstecken und rundum füßchenbreit zusammennähen, nur die Wendeöffnung bleibt offen.
Das Kissen wenden und die Nahtzugaben an der Wendeöffnung nach innen bügeln. Dann das Kissen mit Füllwatte ausstopfen.

**3** Anschließend die Wendeöffnung von Hand mit einem Matratzen- oder Leiterstich schließen. Das Fadenende verknoten und den Faden an einer Seite der Öffnung mit ein paar Stichen auf der Nahtzugabe vernähen. Am Anfang der Wendeöffnung von links genau im Bügelfalz ausstechen und genau auf gleicher Höhe in den Bügelfalz auf der anderen Seite wieder einstechen. Die Nadel durch den Stoff etwas weiterführen und wieder genau am Bügelfalz ausstechen. So fortfahren, dabei den Faden vorsichtig anziehen, sodass die Kanten aneinandergezogen werden, sich aber nicht zusammenziehen. Am Ende der Wendeöffnung den Faden in der Naht mit ein paar Rückstichen vernähen.

## Inlett

Für das Inlett die Kissenvorder- bzw. Rückseite 2x im Stoffbruch zuschneiden und ebenfalls die Wendeöffnung einzeichnen. Dann das Inlett nähen, wie beim Kissen mit Wendeöffnung in Schritt 2 und 3 beschrieben.

# LEGESKIZZEN I

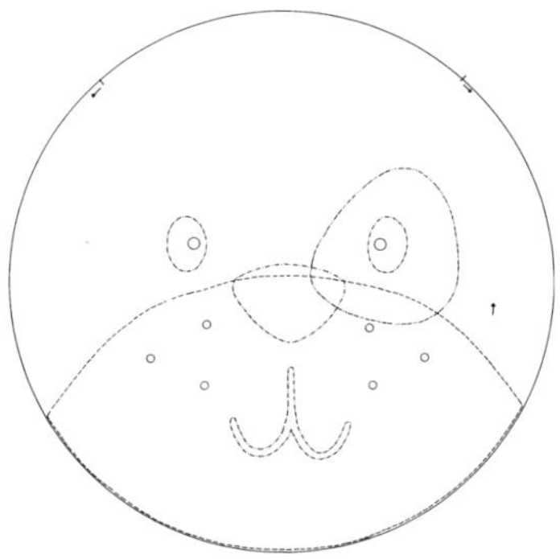

Willi Wuff, S. 14

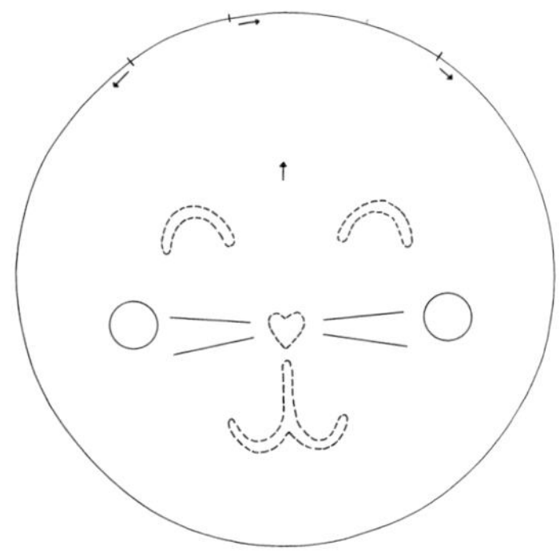

Karla Kuschel, S. 16

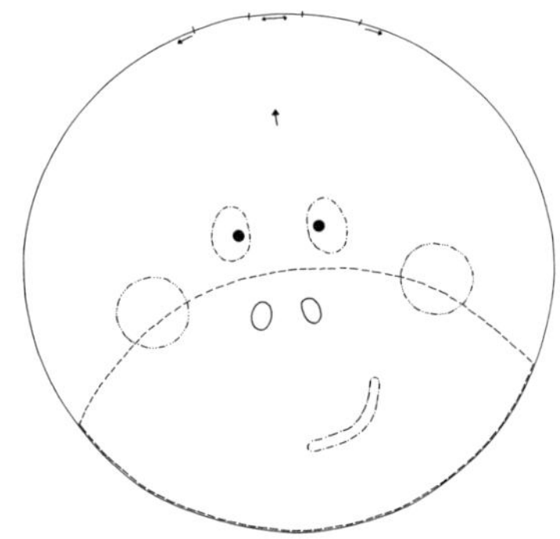

Egon Eselsgrau, S. 18

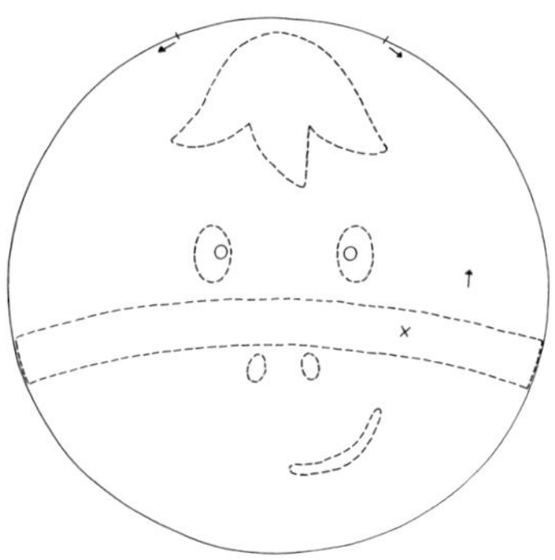

Gundi Galoppi, S. 20

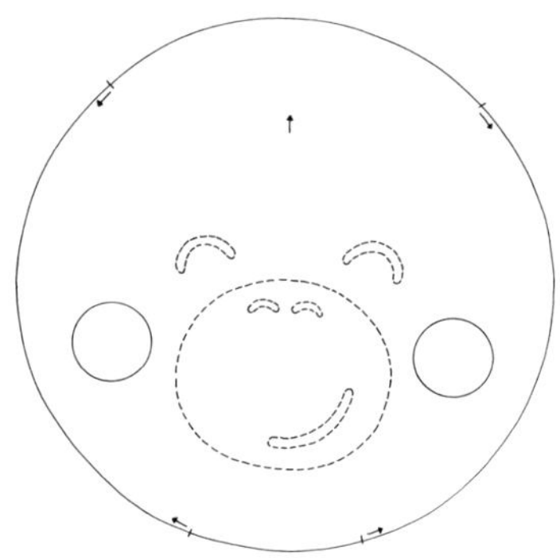

Wilma Wutz, S. 22

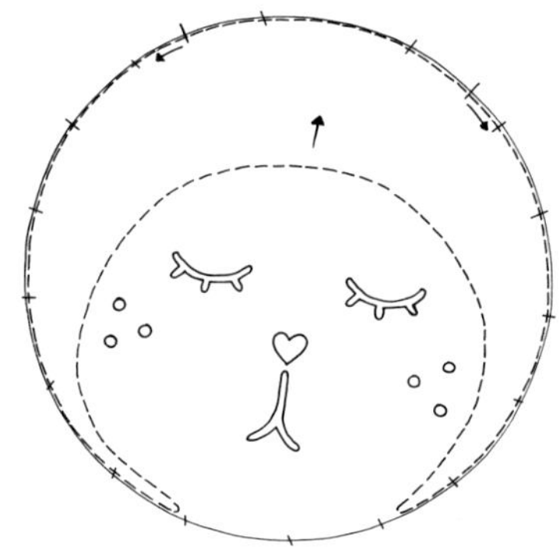

Kira Kuschel, S. 24

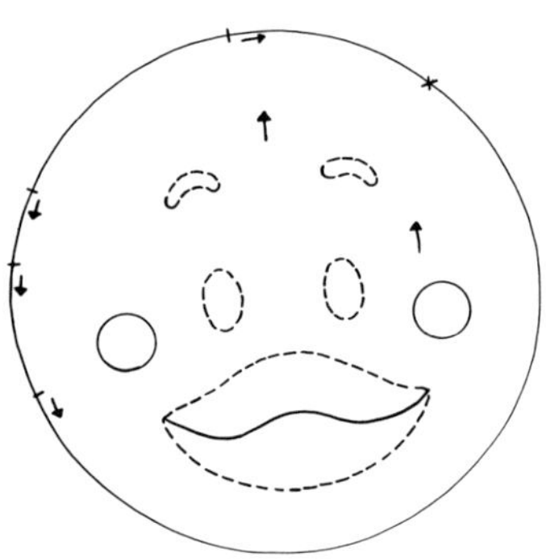

Felix Fluff, S. 26

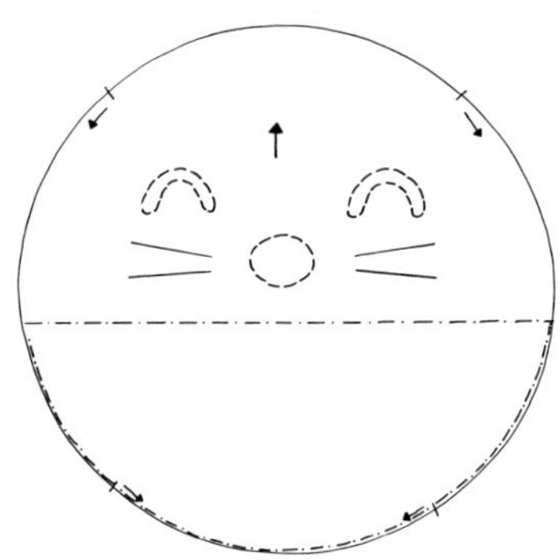

Mia Mausezahn, S. 28

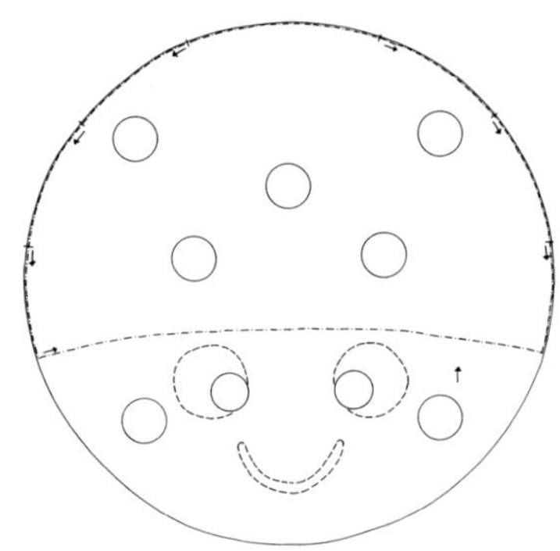

Maria Käferlein, S. 30

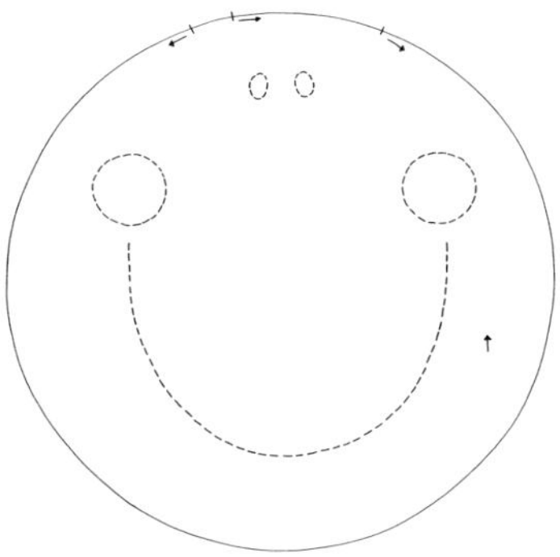

Prinz Quak, S. 32

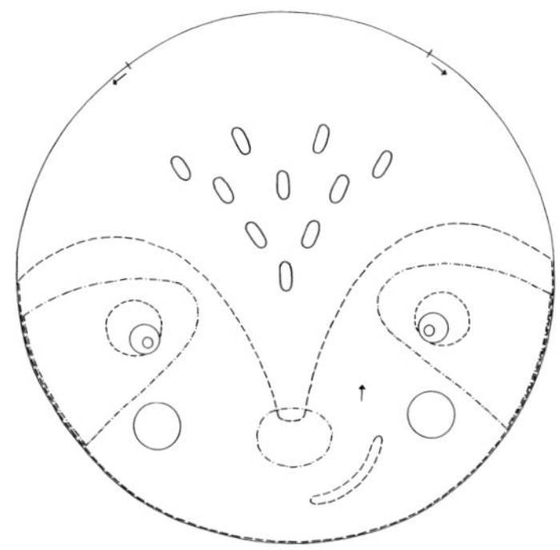

Rainer Reinlich, S. 34

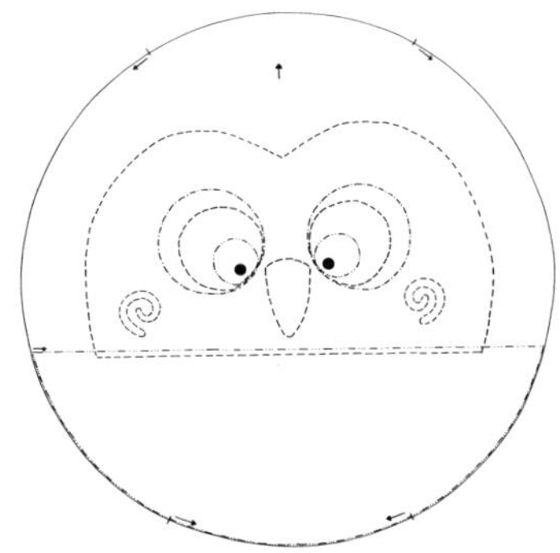

Nuria Nachtwächter, S. 36

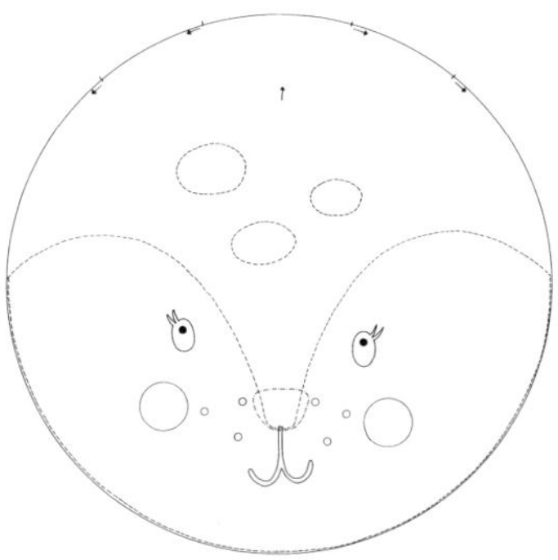

Werner Walde, S. 38

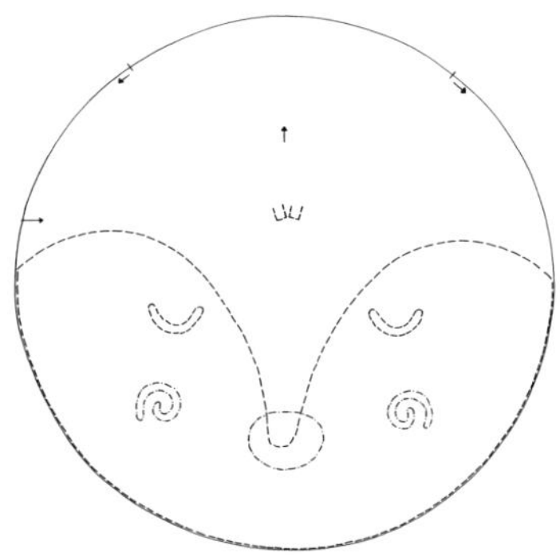

Charlotte Schlawiner, S. 40

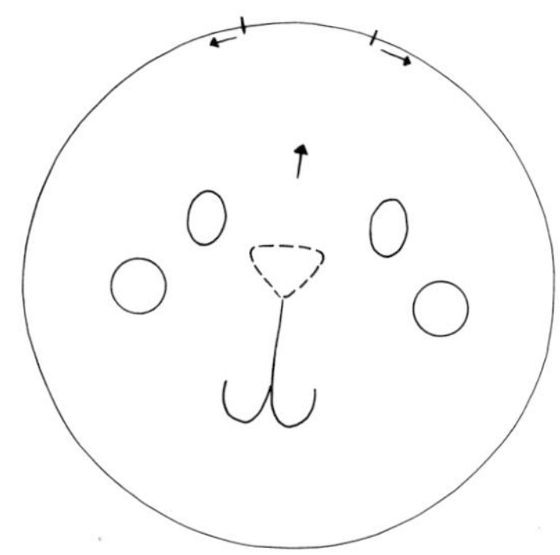

Hilde Hoppel, S. 42

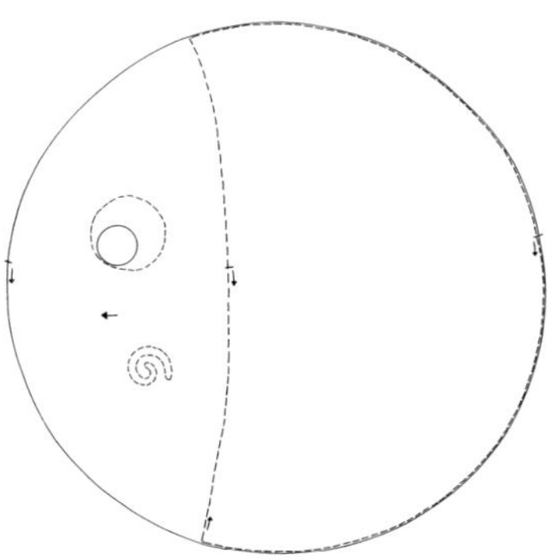

Blubber Brothers, S. 44

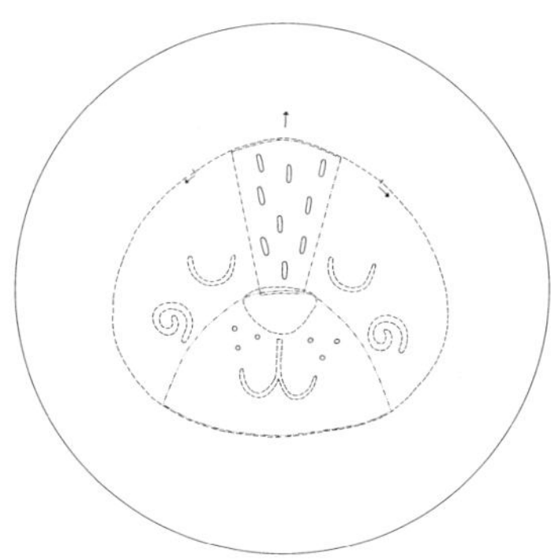

Marius Mutig, S. 46

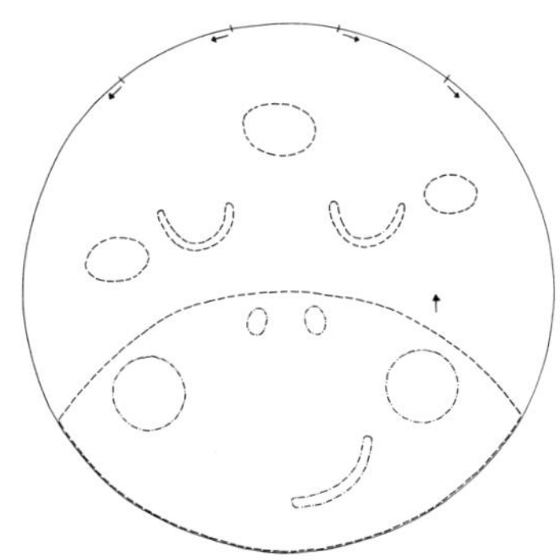

Lara Langhals, S. 48

## LEGESKIZZEN 2

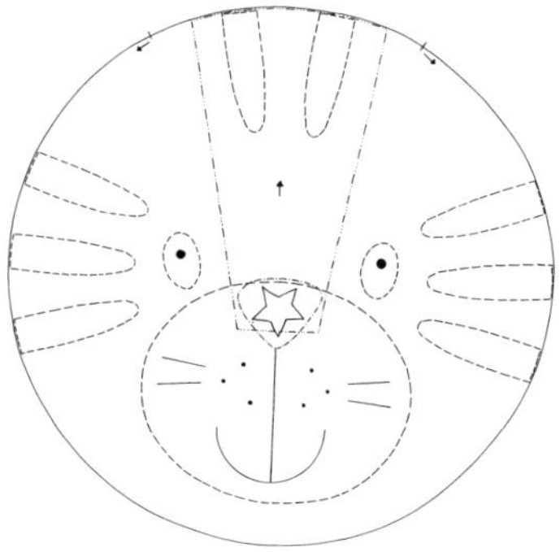

Tabea Tatz, S. 50

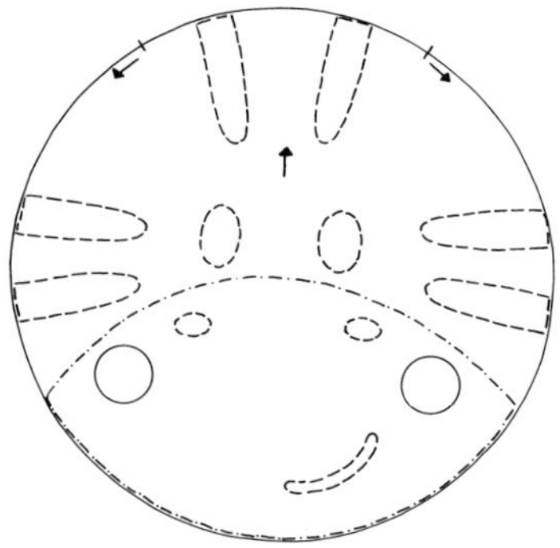

Rita Ringel, S. 52

Wilma Wendig, S. 54

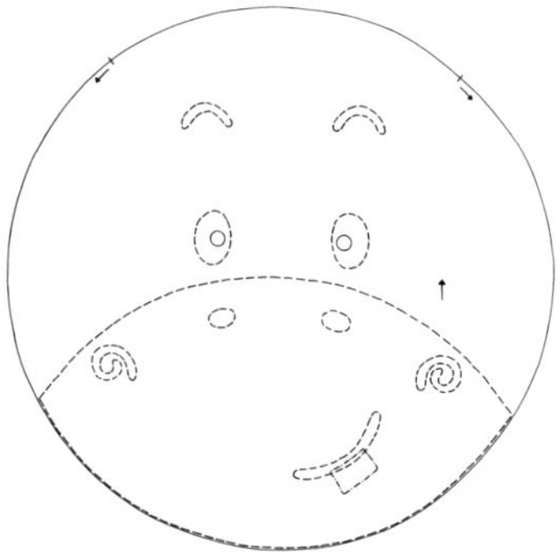

Doris Dickmann, S. 56

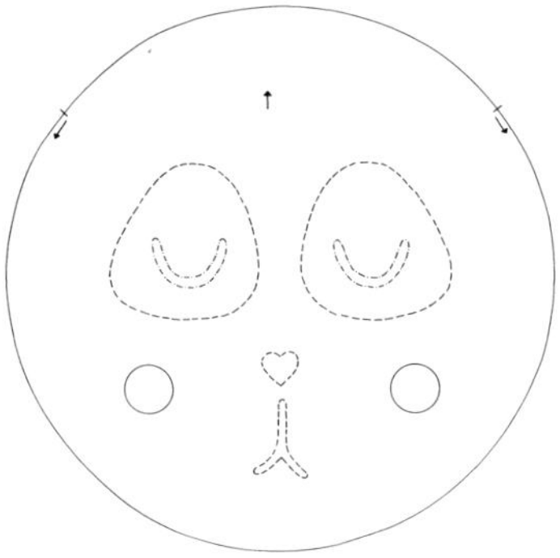

Pia Panda, S. 58

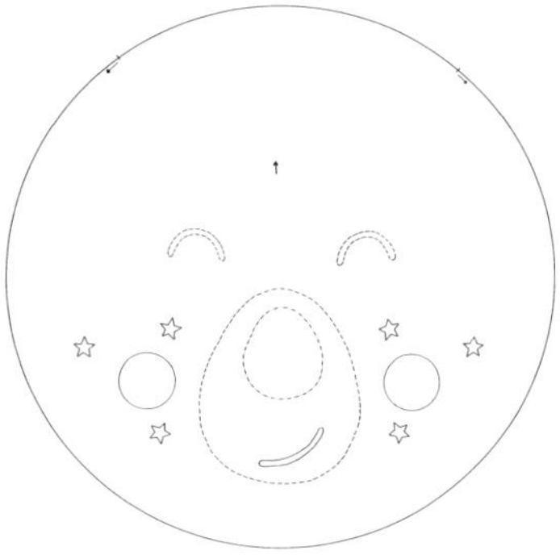

Bea Bambus, S. 60

Henri Hänger, S. 62

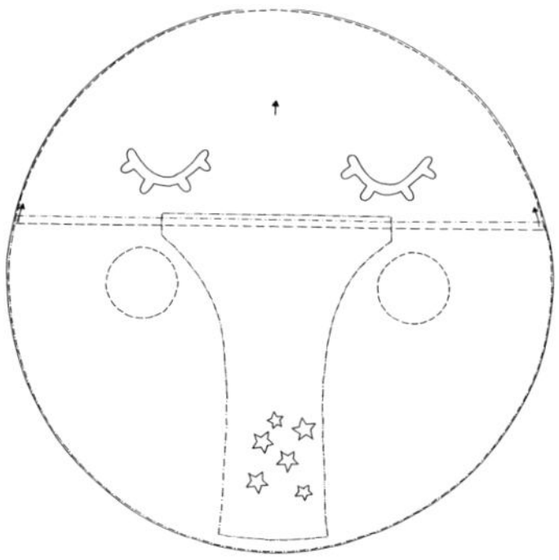

Daniel Dick, S. 64

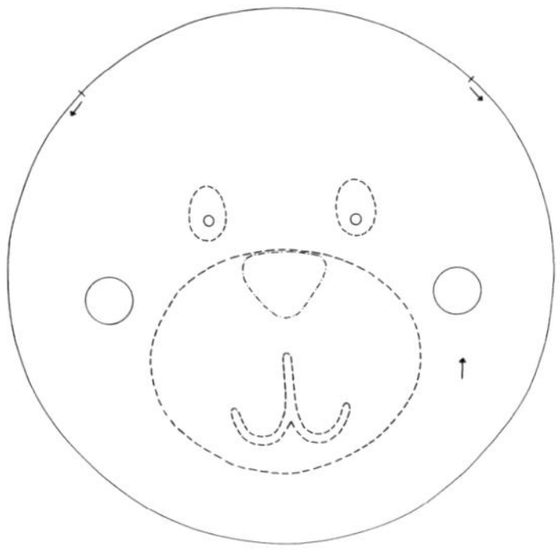

Theo Teddy, S. 66

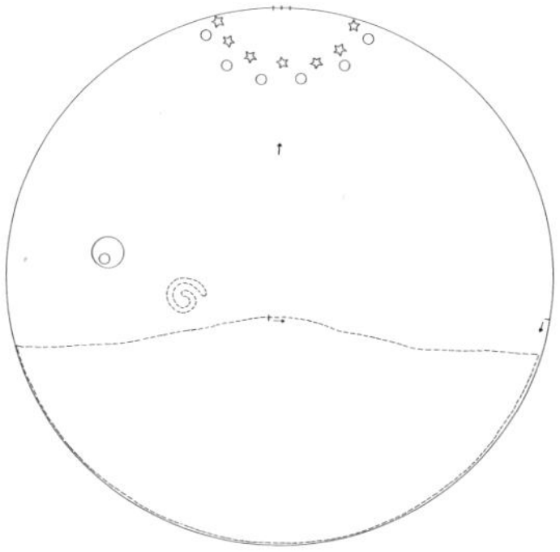

Rio Riesig, S. 68

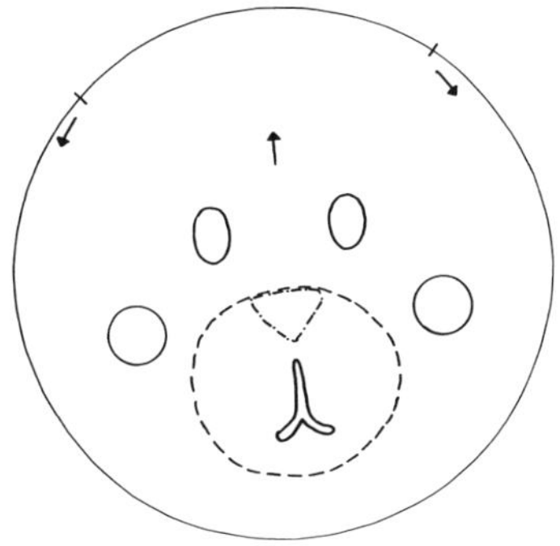

Franzi Frost, S. 70

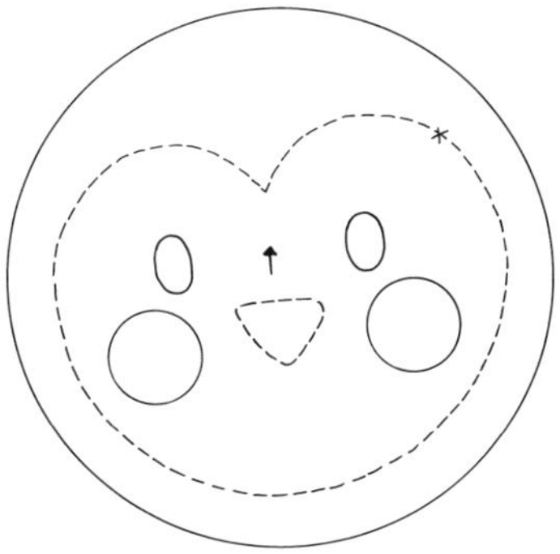

Walter Watschel, S. 72

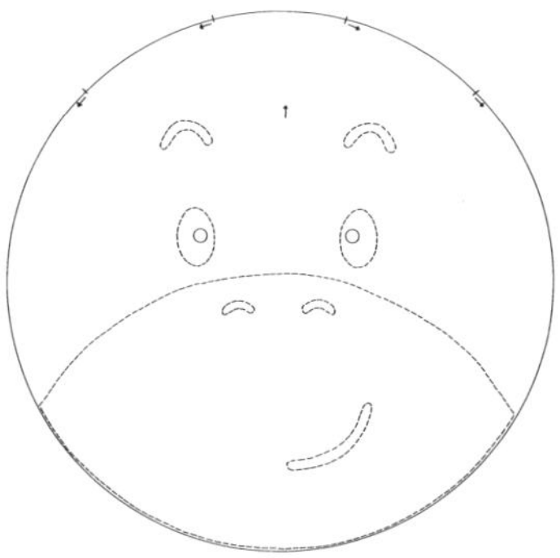

Wanja Wirbelwind, S. 74

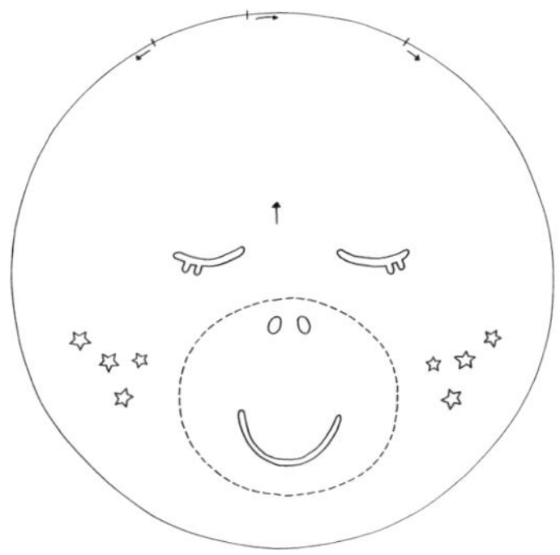

Ria Regenbogen, S. 76

# BUCHEMPFEHLUNGEN FÜR DICH

## NOCH MEHR BÜCHER ZUM THEMA NÄHEN GESUCHT?

978-3-7358-7091-9

978-3-7358-7010-0

978-3-7724-4880-5

978-3-7724-6887-2

978-3-7358-7083-4

978-3-7358-7028-5

978-3-7358-7058-2

978-3-7358-7090-2

978-3-7358-7080-3

# WEITERE SPANNENDE TITEL FÜR DICH

978-3-7358-7040-7

978-3-7358-7077-3

978-3-7358-7061-2

978-3-7358-7089-6

978-3-7358-7092-6

978-3-7358-7095-7

978-3-7358-7102-2

978-3-7724-6864-3

978-3-7724-6986-2

**Gudrun Schmitt** wurde 1963 in Fulda geboren und hat erwachsene Kinder. Sie hat schon immer gerne genäht und gebastelt; das Vorbild waren die Eltern, die bis heute mit viel Freude und Fantasie kreative Dinge herstellen. Nach dem Schulabschluss erlernte sie den eigentlich unkreativen Beruf der Bankkauffrau. Nach der Geburt des ersten Sohnes flammte aber die Leidenschaft zum Basteln wieder auf. In den folgenden Jahren leitete sie Kinderkreativkurse und Seidenmalkurse in verschiedenen Familienbildungsstätten. 1998 erschien in Zusammenarbeit mit ihrer Schwester das erste Kreativbuch im frechverlag. Seither sind noch unzählige weitere Kreativratgeber zu verschiedensten Themen hinzugekommen.

## TOPP – Unsere Servicegarantie

WIR SIND FÜR SIE DA! Bei Fragen zu unserem umfangreichen Programm oder Anregungen freuen wir uns über Ihren Anruf oder Ihre Post. Loben Sie uns, aber scheuen Sie sich auch nicht, Ihre Kritik mitzuteilen – sie hilft uns, ständig besser zu werden.

Bei Fragen zu einzelnen Materialien oder Techniken wenden Sie sich bitte an unseren Kreativservice, Frau Erika Noll.

mail@kreativ-service.info
Telefon 0711/12 37 57 20

Das Produktmanagement erreichen Sie unter:

pm@frechverlag.de
oder:
frechverlag
Produktmanagement
Dieselstraße 5
70839 Gerlingen
Telefon 0711/8 30 86 68

LERNEN SIE UNS BESSER KENNEN! Fragen Sie Ihren Hobbyfach- oder Buchhändler nach unserem kostenlosen Magazin Meine kreative Welt. Darin entdecken Sie dreimal im Jahr die neuesten Kreativtrends und interessantesten Buchneuheiten.

Oder besuchen Sie uns im Internet! Unter www.topp-kreativ.de können Sie sich über unser umfangreiches Buchprogramm informieren, unsere Autoren kennenlernen sowie aktuelle Highlights und neue Kreativtechniken entdecken, kurz – die ganze Welt der Kreativität.

Kreativ immer up to date sind Sie mit unserem monatlichen Newsletter. Für aktuelle Infos, Gratis-Anleitungen und Gewinnspiele gleich anmelden unter www.TOPP-kreativ.de/Newsletter

## IMPRESSUM

FOTOS: frechverlag GmbH, 70499 Stuttgart, lichtpunkt, Michael Ruder, Stuttgart; alle Stepps: Gudrun Erb
PRODUKTMANAGEMENT: Claudia Mack
LEKTORAT: Beate Schmitz, Stegen
COVER: Sandra Preinl
SATZ: Dagmar Herrmann, two-up
HERSTELLUNG: Heike Köhl
DRUCK: Neografia, Slowakei

Wir danken der Buttinette Textil-Versandhaus GmbH, Wertingen, www.buttinette.de, für die großzügige Unterstützung.



4. Auflage 2024



ISBN 978-3-7724-4841-6 • Best.-Nr. 4841

MIX
Papier | Fördert gute Waldnutzung
FSC® C020353

Penguin Random House Verlagsgruppe
FSC® N001967

**Der Freischalte-Code für die Plottermotive lautet: 10916**